生活·讀書·新知 三联书店

子安宣邦作品集

孔子的学问

日本人如何读《论语》

[日] 子安宣邦 著
吴燕 译 吴素兰 校译

Simplified Chinese Copyright © 2017 by SDX Joint Publishing Company.
All Rights Reserved.
本作品简体中文版权由生活·读书·新知三联书店所有。
未经许可，不得翻印。

图书在版编目（CIP）数据

孔子的学问：日本人如何读《论语》/（日）子安宣邦著；吴燕译；
吴素兰校译．—北京：生活·读书·新知三联书店，2017.6
（子安宣邦作品集）
ISBN 978-7-108-05471-5

Ⅰ．①孔⋯　Ⅱ．①子⋯　②吴⋯　③吴⋯　Ⅲ．①儒家②《论语》-研究
Ⅳ．① B222.25

中国版本图书馆 CIP 数据核字（2015）第 216283 号

SHISOSHIKA GA YOMU RONGO: "MANABI" NO FUKKEN
by Nobukuni Koyasu
© 2010 by Nobukuni Koyasu
First published 2010 by Iwanami Shoten, Publishers, Tokyo.
This simplified Chinese edition published 2017
by SDX Joint Publishing Co., Ltd., Beijing
by arrangement with the proprietor c/o Iwanami Shoten, Publishers, Tokyo

责任编辑	李静韬
装帧设计	康　健
责任印制	徐　方
出版发行	生活·讀書·新知 三联书店
	（北京市东城区美术馆东街 22 号 100010）
网　　址	www.sdxjpc.com
图　　字	01-2014-4803
经　　销	新华书店
印　　刷	北京市松源印刷有限公司
版　　次	2017 年 6 月北京第 1 版
	2017 年 6 月北京第 1 次印刷
开　　本	880 毫米 × 1230 毫米　1/32　印张 8.75
字　　数	200 千字
印　　数	0,001-6,000 册
定　　价	49.00 元

（印装查询：01064002715；邮购查询：01084010542）

目 录

中文版序　**致中国读者** 1

导读　**近现代日本与《论语》解读** 7

绪言　**《论语》与"学"之复权** 23

第一讲　论"学" 41
第二讲　论"仁" 50
第三讲　论"道" 63
第四讲　论"信" 72
第五讲　论"天" 82
第六讲　论"德" 96
第七讲　问"仁" 106
第八讲　问"政" 117

第九讲 问"孝" 126

第十讲 怀"德" 134

第十一讲 "忠信"与"忠恕" 145

第十二讲 死生·鬼神 153

第十三讲 身为"君子" 162

第十四讲 学"文" 171

第十五讲 温故知新 179

第十六讲 论"诗" 191

第十七讲 论"乐" 200

第十八讲 论"礼" 207

第十九讲 弟子们的《论语》之一 216

第二十讲 弟子们的《论语》之二 230

第二十一讲 弟子们的《论语》之三 237

第二十二讲 弟子们的《论语》之四 246

第二十三讲 弟子们的《论语》之五 255

跋 271

本书索引 273

中文版序 致中国读者

我为什么要写这本评讲《论语》的书呢？因为我知道《论语》是可读的，并且我也了解谈论这种"可读性"的欣悦之情。作为日本思想史家的我，重新发现了《论语》。

进入21世纪以来，我一直专注于对现代日本之"民族主义""亚洲认识"和"中国问题"等主题做思想史上的整理工作。其成果目前已结集为七本著作刊行，其中几本书已有中译本，北京的三联书店也参与了出版发行。然而，作为日本思想史家的我，原本关心的领域是德川时代的儒学思想史。德川时代在日本被归入"近世"这一历史时段。从17世纪到19世纪后期，构成近世日本社会的思想主流的正是儒学思想。于是，将以《论语》为首的经书及朱子等后世儒家的注释和论述，与伊藤仁斋、荻生徂徕等近世日本具代表性的儒家思想者的著述一并阅读，就自然成为我研究的题中之义了。不过，当时我并无从自身的关注出发积极阅读《论语》原文的需求，更谈不上考虑对人讲论《论语》了。当然，也不觉得自己有这样的能力。

从大学教职退休之后，我开设了与普通市民一同阅读、学习思想史文本的系列讲座。在读完福泽渝吉的《文明论之概略》与日本古史《古事记》等文本之后，我们决定开始读《论语》。然而，这并不意味着由我自己来解读或解说《论语》。我想谈的是诸位先贤是如何读《论语》的。这里所说的"先贤"，包括在日本《论语》接受史上具有压倒性影响力的朱子；对朱子学说进行批判，并试图开辟回归《论语》本义之路径（古义学）的伊藤仁斋；更有将朱子与仁斋一起批判，并从古代先王的政治论及治国论的视点解读《论语》的荻生徂徕；还有汉学积累深厚的现代日本实业家涩泽荣一；以及其他现代日本具代表性的研究中国的专家。在市民讲座上，我谈的就是这些人如何读《论语》，并且认为，这就是思想史家从思想史视角阅读《论语》的方法。而就在如此这般反复阅读之际，我开始逐渐发现《论语》对自己而言也变得"可读"了。《论语》文本中那个不断发问、不断回答的孔子的形象，在我眼前逐渐清晰。这可算是我个人发现的《论语》了。从那之后，阅读《论语》，并与人谈论《论语》就成为一件令我愉悦之事。那么，对我而言，《论语》之"可读"究竟指什么，《论语》又是如何"可读"的呢？

所谓《论语》之"可读"，是指对文中涉及的古代语词进行详尽周全的注释后达成的理解吗？抑或是指对《论语》全书的理解与内部性的解释，已经深刻到足以构筑起一个属于《论语》的统一的思想世界？我以为，《论语》之"可读"不属于上述的任何一种。其实不只是《论语》，我认为所有具有原初性的经典文本，从其经过编撰方才成立的文本历史的角度来看，基本上都不适用于上述两种阅读方法。《论语》是经过漫长的编撰时间才作为书面文本被确立的。而在其成立的那一刻，孔子及其众弟子们的语词在其发言之初具有的含义，已经消融在书面文本的完整性中，反而成为"不可读"的文本。这也就是为什么《论语》作为书面文本成型的时刻，几乎就是注释工作开始的时刻。自《论语》文本成立以来，人们始终是参照注释来阅读的。《论语》始终需要通过注释，仰赖注释，才能为后世所理解。也正因如此，朱子的《论语集注》作为阅读并理解《论语》之必读书目的地位一经确立，便使《论语》的阅读圈从中国扩大到朝鲜，乃至日本。朱子学这一具有普遍性的学问，使《论语》在东亚范围内被普遍接受。于是，《论语》也就首次成为东亚汉字文化圈读书阶层必读的第一经典。如果这一思路正确的话，那么我在市民讲座上以"《论语》是如何被阅读的"为主题展开的《论语》阅读，以对先贤们的解读为途径，则并非"旁门左道"，而应是对原初性经典文本的一种正确的解读方法。

然而，在我以先贤们的注释为基础来阅读《论语》之时，对注释文本的批判性思索必然会将我的视线引导回《论语》文本本身，此时《论语》的文本就成为可资参照的"原文本"。"原文本"不同于内部已经包含有深刻意义的那种"根源性文本"。那类"根源性文本"在解释学意义上已经被卓越的解读者们专有化了（换言之，这些文本已经被封闭了）。如果朱子学算是一种解释学体系的话，则这一"被封闭的文本"指的就是已经被朱子学的"意义所浸染了的文本"。因此，我所说的"原文本"，毋宁是指这样一种文本：在阅读朱子等卓越的解读者所做的《论语》注释时心生疑窦，感到"不是这样吧"的读者们，回过头去参照《论语》时他们眼中所呈现的《论语》原文。如此，对这些回过头来参照《论语》原文的读者而言，《论语》原文就成为能够赋予他们新的解读可能性的"敞开的文本"了。当《论语》在这种意义上被视为"原文本"时，我也认为《论语》是"可读"的了。我觉得《论语》已经为我敞开了一种新的阅读可能性。

3

将《论语》视为未被意义浸染的"原文本",意味着对我而言《论语》中记载的孔子与众弟子间的问答交流,不是已经为解释者所提供的意义浸染了的问答,而是能够从中发现提问与回答之"原初性"的问答。而《论语》作为经书的"原初性",也来自这种问答的"原初性",也就是说孔子第一次针对"某物"发出质问并尝试着回答。比方说孔子问"学为何物",没有人先于孔子提出"人之学为何物"这样的反省式问题。正是因为孔子,我们才初次面对针对人类社会之现象提出的"人之学为何物"之类的反省式问题。不仅是"学",孔子还首次对"礼""信""政""孝"和"君子"等现象发问。因此,说《论语》是我们可回头参照的"原文本",正是意味着它是这样一种带有"发问之原初性"的文本。

当我们了解《论语》是具有"发问之原初性"的"原文本"时,阅读《论语》这一行为的意义也就为之一变。《论语》不是能够为我们提供礼教体制或道德规范体系之神圣起源的那种经典。毋宁说,《论语》是具有发问之原初性,即根源性的经书。对后世的我们而言,它能够教会我们如何对诸如"学""礼""信""政"等等既成概念之本质意义重新发问。之所以称之为"经书",是因为《论语》是这样一种"原文本",它第一次用"反省式发问"的方式面对"礼""德""政"等社会现象,并以此教会我们必须对这些现象进行本质性的再探询。我在本书中所记录的,都是在"思想史家读《论语》"这一方法论引导下产生的阅读结果。在循着先贤们的《论语》认识之路径前行的同时,我是如何与孔子"最初之发问"相遇,并由此开始对既成概念作出重问。这一切都请读者诸君在本书中一一确认。

最后容我再次重申我的阅读方法,亦可称之为《论语》之"外部"阅读法。所谓"外部",当然是针对《论语》的"内部"阅读方法而言。

而所谓"内部"阅读方法，指的是通过对《论语》内容的解读，对价值上或思想上的某种同一性进行重构的阅读方法。换言之，就是在借《论语》对"儒教思想""中国思想"抑或是"东洋伦理"之类具有思想上之同一性的概念进行重构的同时，又不断地从《论语》中重复生成此类概念的阅读方法。此即是"内部"阅读方法。我所谓的"外部"阅读法，则带有对这种封闭于自我同一性圆环之中的阅读方法的批判意味。在我眼中的《论语》，是能够赋予读者新的解读可能性的"敞开的文本"，是能够触发我们内心对概念进行重问之冲动的、带有"最初的发问"特质的文本。这样的《论语》与"外部"阅读方法密切相关。诚然，作为日本思想史家的我来读《论语》，在领域区分上算是个局外人了。只是就学问领域而言的局外人，未必就自动具有《论语》之"外部"阅读者的资格。文本阅读的"外部性"，是在方法论上构筑起来的一种立场，而这种立场，是通过与封闭的"内部"阅读，也即与不断重构自我同一性的阅读法进行持续抗争而构筑起来的。如果说拙作能够为中国的读者带来任何启发，那大约就是我用这种阅读方法，在《论语》中发现了孔子"最初之发问"带有的根源性意义吧。

本书之中译本得以面世，乃拜忘年挚友林少阳先生之推荐，与生活·读书·新知三联书店编辑部叶彤先生与李静韬女士热情相助所赐。在此谨致谢意！同时，我也对能够完成如此困难的翻译工作的吴燕女士之学识与努力表示敬意，厦门大学的吴素兰教授也进行了校译。在此一同致谢！

子安宣邦

2013年11月25日

导读 近现代日本与《论语》解读

在东京，对于许多人来说二十四小时营业的便利店是生活中不可或缺的。它是永远营业的小食堂、小百货、小报摊、小邮局、小书店等等，可谓功能齐全。近日发现，在连锁便利店Lawson狭小的书架上摆着一本《论语》解读书，作者佐久协，在一家有名的高中教授古汉语——文言文。近年他已经面向以高中生为主的一般读者写了三四本关于《论语》的通俗读物。是否畅销，从其在便利店可以购得，即可获得答案。便利店通常只卖少量面向大众的通俗读物，《论语》解读也"晋身"其中，足见《论语》在今日日本社会巨大的影响力。其实，这一影响力也可以从普通日本人的人名中窥见。以"诚""谦""真""仁""文""孝""信"等儒学概念入名者，比比皆是，虽然大家未必留意这些是儒学的概念。

中国现代史曾激进地否定传统，但日本的情形有所不同。尽管日本有过以"脱亚入欧"为标志的现代化国策，但是，在近代日本的非学术世界中，与《论语》有关的出版物似乎从来都是长销书，它更没有被归入"四旧"，因而遭遇被"扫"、被"破"的命运。当然，无论被"扫"、被"破",还是被奉为至宝,情况往往是复杂的。在日本,《论语》的出版热近年来尤其明显。当然,近年的中国也是如此。中国哲学研究者中岛隆博留意到一个事实:在现实日本社会的《论语》热中,孔子"礼"的实践其实是被忽视的,而且孟子、荀子、朱子也被完全排斥[①]。中岛指出,日本近年的《论语》热,基本上是在"教养主义"这一近现代日本的传统中。[②] "教养"是西文 Liberal Arts 的日文汉字翻译,原本是指欧洲的传统教育理念,也指欧洲传统的自由七科(语法、逻辑、修辞、几何、算数、天文学、音乐)。在今天的日语中,"教养"与汉语学校的"通识"意思有所不同,主要指的是一个人尤其是受过良好教育的人,在现代社会所(应该)具备的文化知识、基本知识体系。在此意义上,"修养"这一日文汉字的翻译本身显然也是日本现代教育理念的产物。但是,另一方面,"修养"一词也很易令人联想起"教化"与"修身养性"之类的儒家字眼。

确实,至少战后的"教养主义"的《论语》与个人的道德培养有关。也可能是因为日本的《论语》热与现代日本的教养主义有关,儒学本身所有的政治批判性就很容易被冲淡。这一点正如中岛隆博所指出的那样,这一儒学热受到了左右不同政治立场的人欢迎[③]。日本的自由派通常对保守化是比较抗拒的。但是,就连自由派都欢迎这一《论语》热,正是因为日本战后的《论语》热流通于日本特有的教养主义氛围中。

---

① 中岛隆博未刊论文 "Contemporary Japanese Confucianism from a Genealogical Perspective",该论文曾于2011年12月于香港城市大学举办的国际儒学会议上发表。感谢作者应允引用。
② 同上。
③ 中岛原话:"受到了保守派与自由派的欢迎",出处同上。

就保守的例子，中岛隆博举出的是斋藤孝的《论语》解读著作《想读出声来的〈论语〉》(『声に出して読みたい論語』)。斋藤孝本身是某私立大学教授，属于媒体明星学者一类，热衷于面向大众发言，并广受欢迎，该书提倡读《论语》，以提高"国民品格"。就努力恢复《论语》之批判性的例子，中岛也援引了加藤彻面向社会大众的《其实是很危险的〈论语〉》。加藤彻警告日本读者，《论语》既可是毒药，也可以是良药。"毒药"似可理解为保守性，"良药"则似乎可理解为批判性。加藤彻尤其提醒日本读者大众，《论语》也是一本关于革命、曾经带来反抗的读物。他列举出江户后期的阳明学徒大盐平八郎（1793—1837）如何知行如一、身体力行而揭竿而起[①]；他也提及幕府末年武士吉田松阴（1830—1859）如何视孔子为革命家，以阳明学培养维新志士，改写日本历史[②]。中岛援引加藤彻的讨论，认为今天《论语》这一教养主义式的阅读，是"兑过水的儒教"，也就是说，是将儒学本应该有的批判性抽离后的"教养主义"（同中岛前文）。中岛提醒读者，近年日本这一《论语》热，并不意味着有谁希望将日本人变成过着儒教生活的儒者，而仅仅是希望抽离出某种儒家"精神"，去支撑今天日本的道德提升。作为倡导"批判性的儒学"概念的中国哲学研究者[③]，中岛对《论语》的保守化的批判是非常自然的。

但是，为什么中岛对提升"道德"如此介怀？为何日语的"道德"对日本知识界来说听起来如此不舒服？这一问题涉及日本近现代以来

---

① 参见加藤徹：『本当は危ない「論語」』，東京：NHK出版新書，2011年，219—222页。
② 同上书，222—226页。
③ 这方面，见中岛隆博：《共存的实践》（『共生のプラクシス』）之第八章《为了批判性的儒学：近代中国与日本的儒教复兴》，東京：東京大学出版會，2011年，229—248页。

"道德"这一概念的特殊（亦即保守）的流通方式，这一特殊（保守）的流通方式与近代日本儒学在近现代日本意识形态中特殊的（保守的）位置不无关系。

一方面，"《论语》与算盘"这一实用的应用方式，确实曾是《论语》在近代日本的一面。涩泽荣一（1840—1931）被称为"日本近代资本主义之父"，他曾是幕府武士，后成为近代著名的金融官僚与成功的实业家，但在今天同样为人津津乐道的，是他写的《〈论语〉与算盘》（1916年）一书。在书中他主张"义理合一"的经济道德合一论，成为近代日本功利主义的典型。

另一方面，从明治中期开始至"二战"结束之前，日本的《论语》则更多与国家意识形态之构成部分的"道德"直接有关。西村茂树（1828—1902）是日本启蒙思想的学术团体明六社成员（明六社成立于明治六年即1873年，因而得名），如子安宣邦在其《汉字论：不可回避的他者》一书中指出的，西村折中"西国之哲学"与"儒道"，在1886年左右建构起与新的明治国家意识形态配套的所谓"国民道德论"[①]。在这一时点上，日本的儒教开始与天皇意识形态发生了紧密的关系，而西村茂树也是建议天皇颁布宣扬"忠君爱国"的《教育敕语》（1890年）的智囊团的一员。《教育敕语》是将儒家天皇意识形态化的直接结果，其主旨是将儒教重构为以天皇为中心的国家神道国体论的一部分。如子安宣邦在《汉字论》中指出的那样，日本的哲学家井上圆了（1858—1919）的《伦理通论》（1887年）与《道德摘要》（1891年）将西方的ethics、moral philosophy及moral sciences都翻译为"伦理学"，这一"伦

---

① 参见子安宣邦：『漢字論：不可避の他者』，東京：岩波書店，2003年，117页。

理学"包含道德,而这一伦理学与明治国家的确立是相辅相成的,"伦理学"的确立本身一开始就是近代明治国家意识形态建构在学术中的反映,是大写的"日本国民道德论"①。

上述介绍主要围绕着近现代及当代日本语境中的《论语》。那么历史上,尤其近代以前的日本的《论语》传播情况又是如何的呢?作为日本《论语》解读著作的导读,似乎有必要就此向中国读者作一简介,尤其是江户时代(1603—1867)的《论语》解读,更是与本书有着直接的关系。作为日本学界的定论,《论语》被认为是在4世纪由百济儒者王仁与《千字文》一起带入日本。日本汉学家竹内照夫(1910—1982)指出,在6世纪(继体天皇),百济的五经博士来到日本,飞鸟时代(6—7世纪)谶纬说传到日本,并被名之曰"阴阳道",日本此时对汉代、三国、六朝的学问、思想已经有相当的了解。②从考古成果来看,7世纪日本便有《论语》遗物,德岛县观音寺遗迹曾经出土《习字木简》③。但是,应该说,儒学在日本从一开始就有着与中国儒学不同的面相。首先,因为日本的儒学是与佛教一起传入,而在佛教传入中国之前,中国的儒学与诸子学已经有很长的历史。由此,当然也可以同时说,日本的佛教与儒学也因此有着不同的面相,因为日本的佛教与儒学从进入日本开始就与权力者有着直接的关系。其次,中国儒学在中国特色的文官体

---

① 子安宣邦:『漢字論』,103—132页。
② 『四書五経入門』,東京:平凡社,2001年,354页。
③ 加藤徹:『本当は危ない「論語」』,184页。

系中有着特殊位置，因为中国、朝鲜有科举制度，而日本则是没有的。正如江户儒者荻生徂徕在《答屈景山》中所言"且此方之儒，不与国家之政，终身不迁官"①。此外，如加地伸行指出，中日儒教的最本质的区别之一在于姓氏意识，因中国近代以前同姓不婚，而日本明治以前无姓者居多，所以相对易收养子，家庭在日本也因此容易被认作是组织，而非如在中国家庭被认作是"血缘集团"②。这种不同也反映在中日的宗法制度上。中国学者官文娜曾系统地研究日本养子制度对中日不同的"家"意识所带来的影响，也探讨了因此带来的继承制度的不同，以及中日在"义礼"、功利主义理解、身份制、契约制等方面的区别。③

记录朱熹（1130—1200）学说的书籍传入日本，多被认定是在镰仓时代（1185—1333）初期④。但是，传入后的朱子学长期只在日本佛教禅僧范围内被研究，在室町时代（1336—1573）这些研究已经显示出对朱子学的相当理解，但朱子学从日本佛教的辅助学说中完全脱离出来，则被认为始于江户时代朱子学嚆矢之藤原惺窝（1561—1619），其朱子学也被认为混杂了陆九渊（1139—1192，象山）的思想⑤。之后，朱子学成为江户幕府的官方思想。日本汉学家阿部吉雄（1905—1978）如是概括了日本朱子学的作用：第一，日本的朱子学强化了基于理性之合理主义思想，一反中世日本（镰仓、室町时代）祈求佛教、神道教保佑来世之风，而强化了人们相信现世并建设人伦秩序的信心；第二，朱子学作

---

① 参见『日本思想史大系・第三十六卷・荻生徂徠』，東京：岩波書店，1974年，531頁。
② 加地伸行：『儒教とは何か』（《何谓儒教》），東京：中公新書，2008年，250頁。
③ 官文娜：『日中親族構造の比較研究』，京都：思文閣，2005年。
④ 比如，小島毅：『朱子学と陽明学』，東京：筑摩書房，2013年，71頁；土田健次郎：『江戶の朱子学』，東京：筑摩書房，2014年，36頁。
⑤ 土田健次郎：『江戶の朱子学』，50頁。

为理想主义的道德哲学，增强了人们的道德心性；第三，朱子学有利于幕府政权强化国家统合，朱子发展了尊崇《春秋》大一统的思想，重视君臣上下的道德，因而强化了全国武士、领地属民通过各个大名归属于幕府将军的秩序，成为强化天下一家的官学；第四，与此同时，在朱熹《资治通鉴纲目》等著作大一统正统论的长期浸淫下，并且在幕府末年外敌当前、内忧不断的时期，在幕府抑或天皇的政治选择中，朱子学也为人们选择天皇、实现明治维新的王政复古而埋下了理论的伏笔。①

就朱熹在《论语》解释史上的位置，子安在本书绪言中说：

> 南宋学者朱熹（1130—1200）的出现一举改变了传统的阅读方法。朱熹创立了一套包含从宇宙论到伦理学的哲学体系，即"朱子学"（性理学或理学）。他正是从这套哲学体系出发重新解读《论语》的。（中略）在中国、朝鲜，乃至在日本，朱子的注释都被视为《论语》解释的最基本的依据。日本江户时代盛行朱子学，人人皆读《论语》，其实当时读的就是朱子的注释。朱子是从本质上重读《论语》的第一人，甚至可以说，假如没有朱熹的《论语集注》，就不存在什么《论语》的注释。

江户日本的《论语》解读处在朱熹的强大影响之下，而反朱熹的思想，也脱胎于朱熹的思想之中。江户儒学史上反朱熹的代表伊藤仁斋（1627—1705）与荻生徂徕（1666—1728）无不出身于朱子之学。伊

---

① 阿部吉雄：「日本の朱子学」，『朱子学大系・第一卷・朱子学入門』，東京：明德出版社，1974年，154—156頁。

藤仁斋是第一位出身于朱子学而反对朱子学的学者，著有《论语古义》《孟子古义》等，他主张回归原始儒家方式之"古义学"去解读《论语》《孟子》，目的是挑战朱熹，但是，如日本研究者所指出，事实上伊藤仁斋的批判，反而加深了当时人们对朱子学的理解①。荻生徂徕则是在朱熹、伊藤仁斋的影响下出发，但旋即将矛头同时指向朱子与伊藤仁斋。荻生徂徕的《论语征》《大学解》及《中庸解》于1809年传入中土，得到经学家们重视。近代著名汉学家藤塚邻博士曾实证性地探讨了荻生徂徕《论语征》与清儒吴英、狄子奇（嘉庆、道光年间人）、刘宝楠（1791—1855）等之间的关联②。与伊藤仁斋重视《孟子》不同，荻生徂徕更偏于《荀子》③。即使以整个汉字圈为单位，荻生徂徕在荀子注释史上也有着举足轻重的地位，从时间上看，唐宪宗年间杨倞为系统注《荀子》第一人，荻生徂徕则为第二位系统注《荀子》者④。荻生徂徕高足山井崑仑（1682—1728，即山井鼎）的《七经孟子考补遗》三十三卷收入《四库全书》之中，清儒阮元（1764—1849）序之。荻生徂徕的方法论受方以智等明代学者的影响，其语言学角度的经典解读方法，与后

---

① 土田健次郎：『江戸の朱子学』，131页。
② 藤塚邻：『徂徕の「論語徵」と清朝の經師』，载『支那学研究』第四编，東京：斯文會，1935年2月。亦请参余英时：《戴震与伊藤仁斋》，见《论戴震与章学诚》，北京：生活・读书・新知三联书店，2000年。
③ 探讨荻生徂徕与荀子关系的著作，有岩桥遵成著『徂徕研究』（東京：名著刊行會，1969年）、藤川正数著『荀子註釋史における邦儒の活動』（東京：风间书店，1980年）、今中宽司著『徂徕学の史的研究』（京都：思文閣，1992年）。中国学者韩东育甚至由此将之定位为"新法家"（韩东育：《日本近世新法家研究》，北京：中华书局，2002年）。
④ 对此，参照拙著《"文"与日本学术思想史——汉字圈・1700—1990》，北京：中央编译出版社，2012年，第二章、第三章。

来的清朝文字音韵的小学考证方法有相通之处[1]。子安就其《论语》解读与江户《论语》解读的关联如是说:"我将以仁斋为中心,兼顾朱子与徂徕,辅以现代学者对《论语》的解读,并在此基础上形成我对《论语》的理解。"(本书绪言)

虽然子安先生的这部讲义是面向市民授课的产物,但既然作者本人说明,《孔子的学问》是"思想史家读的《论语》"(见本书绪言),自然不太可能是一本入门书,当然也不太可能是很学院派的著述。在此有必要就子安本人作一个简单的介绍。[2] 子安宣邦出生于1933年,早年毕业于东京大学(本科至博士),也曾留学德国,是日本近年最重要的思想史家,曾担任日本思想史学会会长。作为学者,在五十岁前子安的业绩不多,影响也有限,甚至按时下汉字圈(香港、台湾、大陆)大学人文学科业绩评价机制,五十岁前的他可能在大学不会太愉快。但是,从五十岁起,随着他个人的思想史方法论形成,平均不到一年便有一本著作面世,而且,每一本都以其独特的视角,引起关注、讨论,甚至引起争论。这一势头随着六十岁左右他的方法论的成熟而持续,其著作质量及数量都保持着很高水平,直至八十一高龄,依然宝刀不老,可谓学界异数。就专业而言,子安的专业领域为江户时代的思想史,既然是江户思想,其主流自然是儒学,因为江户时代是日本历史上儒学风气最盛的

---

[1] 参见拙著《"文"与日本学术思想史》,第二章第二节。
[2] 中国学者赵京华在其《日本后现代与知识左翼》(三联哈佛燕京丛书,2007年)一书中有专章介绍子安宣邦,在此简单地补充。

时代。自四十岁左右起，子安先生的思想史研究开始延及近代日本，换言之，其研究对象便成为有着三百年视野的近现代日本思想史。子安的著作在汉字圈已有多种译本（出版单位以北京的三联书店为主）。

　　子安强调自己的"思想史家"身份，笔者也就有必要介绍其作为思想史家的方法论。假如说子安宣邦的思想史方法论与马克思（1818—1883）有间接的关联的话，那么，这种关联就体现在他的思想史中一贯的意识形态批判上，而这一"意识形态"，严格上说，指的是遍布的可视及不可视的话语背后的权力性。具体说，子安的思想史方法论，其实直接是受法国思想家米歇尔·福柯（Michel Foucault，1926—1984）的批判史学，以及法国皮埃尔·布尔迪厄（Pierre Bourdieu，1930—2002）的批判社会学的影响。福柯的批判史学所植根的其中一个概念，是其内涵实为语言权力性的"话语"概念。福柯作为思想史方法概念的"话语"概念，糅合、重构了尼采（F. W. Nietzsche，1844—1900）的"权力""意志"概念，马克思的"意识形态"概念，弗洛伊德（Sigmund Freud，1856—1939）的精神分析理论，福柯探讨话语背后的"权力性""意志"或"意识形态"，并且视"世界""历史"为语言的构筑物。这些语言被命名为"集存体系"（Archives，原意"档案"），福柯如此定义：" '集存体系'首先是那些可能被说出来的东西的规律，是支配作为特殊事件的陈述出现的体系。"① 而布尔迪厄的批判社会学其实与尼采在某种程度上

---

① 米歇尔·福柯：《知识考古学》（Michel Foucault: *L'Archéologie du Savoir*，Editions Gallimard，1969之汉译），谢强、马月译，顾月琛校，北京：生活·读书·新知三联书店，1998年，167页。Archives这一概念的原译是直译，为了更利于传递原意，笔者依个人理解意译为"集存体系"，着重号为引者所加。此处关于福柯的"话语"概念的概括，引用了笔者在其他地方的论述（《"文"与日本学术思想史》，绪章）。

也有着类似的问题关切①。以布尔迪厄的名著《区隔：判断的社会批判》（*La Distinction: Critique sociale du judgement*）为例，他认为，每个人的趣味判断表面上看来是非常个人化的，但实际上都与我们所属的集团、阶级有着直接的关系。布尔迪厄试图揭示，这种 Distinction（区分化、差异化、分类化、等级化）是在将广义的文化等级化。布尔迪厄旨在研究社会中的"象征性权力"，这一象征权力包含看不见的权力，诸如"文化资本""社会关系资本""性向""习惯行为"等。他研究这一类权力在构筑社会权力关系上的作用，认为社会权力无处不在。显然，布尔迪厄的社会性"权力"概念与注重语言性权力的福柯不无相通之处。子安之思想史把握，在笔者看来其实是置于这一意义上的新史学的影响之中的（假如将社会学视为广义的史学的一部分）。带着这样的新史学方法论，子安试图实践其于新史学领域中的阐释可能性。以此方法论，子安研究以江户儒学为主的江户思想，更从现代性批判的角度，批判性地分析近代以来日本知识分子对江户思想的话语重构。通常来说，战后日本影响最大的思想史家、政治思想家丸山真男（1914—1996）部分毫无个性的追随者未必喜欢子安，因为子安的著作《作为事件的徂徕学》（1990年）曾致力于解构丸山真男政治理论中关于江户儒学（尤其关于荻生徂徕）的讨论，因为丸山真男被视为现代主义的象征性人物，而子安则致力于现代性批判。《作为事件的徂徕学》也可视为子安方法论确立的标志。但是，应该说，丸山应该仍是子安最为推崇的政

---

① 参见石井洋二郎的解说，石井所译 *La Distinction: Critique sociale du judgement* 日译本『ディスタンクシオン』，東京：藤原書店，1989年，472頁。附带指出，在日译本中，该书关键词的"区隔"被石井翻译为日文汉字"卓越化"，亦即强调该概念所有的、将自己与他者区分开来，令自己处于优越位置之意。

17

治思想史家,在此意义上,他是丸山真男富批判性的追随者。

说到这本《孔子的学问》,子安解读的方法论视角,似乎也多少可从如下《论语》的"有教无类"解读中窥见。子安先举出江户大阪商人、市民儒学团体怀德堂的儒者中井履轩(1732—1817)《论语逢原》为例:

> 在中井履轩这里,"教"的确被理解成"教育"的意思。人世间对善恶的区分,并非先天确定,而是由后天教育引发的。教育产生类别,而教育又能消除类别间的差异。不过,这里所说的教育,并非由人类平等的理念引申而出的"教育"。小人在集团内部施行不良的教育,自会产生不良的后继者;因此,所谓教育就有人与人之间相互的教唆、教导的机能。正是这种机能后天性地决定了人及其团体的性格,也规定了其偏向性。按履轩的理解,孔子敦促我们注意的,正是教育的这一侧面:即它可能造就社会之中的优劣之分。
>
> 这里的孔子,不是认为人受教育便能独自成才,在此方面没有差别的平等主义教育家。毋宁说,他是一位卓越的人类社会观察者。因为他提醒人们注意,社会性存在的优劣差别的再生产,是社会集团内部的教育本身造成的。(后略)

《汉和大辞典》记载:"教"字的本义就是上行下效。"教育"一词原本带有浓烈的政治色彩。可以说,教育就是由权力阶层对下层民众进行驯化的支配行为。正如米歇尔·福柯所言,教育始终含有调教("规训")的意思。其实,《论语》中有这样一句话,"子曰:以不教民战,是谓弃之。"(子路篇三十)宫崎市定将这句话译为:"把未曾接受训练的人民发派到战场上,犹如直接送他们去赴死一样。"所谓教育人民,就好比对人民施行军事训练。"教"与"教育"原本含有这层意思。它是指自上而下施行的调教,是下层被迫为服务于上层而进行的一种他律性的学习过程。若是这样的话,那么这应该是一种与孔子学园水火不容的"教育"概念吧。因为孔子学园本身是一个自律的读书人的团体。自上而下施行的民众教育带上正面积极性意义,始于现代国家的国民教育,亦即使国民平等地获得接受教育的机会。(本书绪言)

通过追溯"有教无类"在江户、近现代日本的再解读,子安所体现的,是贯穿于其思想史中的现代性批判立场。在此,他借对《论语》解释史的梳理所要批判的,是现代民族国家特质之一的均质性是如何反映于近现代的教育制度的,而近现代的教育制度又是何如服务于这一均质性的。因为现代教育的一面,在于规训、训练国民,与现代意义上的民族国家相配套。但是,在子安看来,这一现代主义者角度的《论语》解读,在追求现代性理念之平等观的同时,却忽视了这一平等观其实遮蔽了教育本身的规训性。同时,这一平等观其实正是植根于扼杀个性的原子式的均质性之上的。子安上溯江户儒者的重读轨迹,认为"有教无类"恰恰表明了孔子锐利的批判性,也就是孔子洞察了教育本质在于"调教性训练",此恰类于福柯的"规训"。按子安的解释,孔子的有教无类旨在指出教育这种机能"后天性地决定了人及其团体的性格,也规定了其偏向性"。这一解释背后无疑有着布尔迪厄批判社会学理论上的影响。按其解释,孔子正是一个伟大的先行者,他通过"教"与"学"的本质洞察,重新召唤被现代性压抑的"学"。就此,笔者想起的是，清末著名思想家、革命家章太炎（1869—1936）在其《齐物论释》（1910年）中，借其所解释的庄子而对这一现代均质性的平等观念进行批判："齐其不齐，下士之鄙执；不齐而齐，上哲之玄谈。"[1] 章太炎质疑植根于所谓"公理"的平等观，质疑源自欧洲、实与扩张难脱干系的普遍性，而以不齐而齐为真正的普遍性。确实，这一平等观一方面扩大了受教育者的人数，也重视并且推动了科技的发展；另一方面，我们也不难发现，现代的教育制度旨在培养竞争能力与竞争精神。这一竞争首先是人与人之间，然后是由个人原子式构成的国与国之间的竞争。借用孔子的言辞略微夸张地说，我们的现代教育制度正是着眼于培养有着一定竞争力的"趋利者"，而非培养"仁义君子"。子安的《论语》解读偏于"学"，而质疑偏于"教"的现代以来的《论语》解释，试图借此重新呼唤"学"的本质，希冀重振"学"的主体性与尊严。

作为日本儒学史研究者，子安试图探寻多元的儒学形态，唯因此，他总是致力于对一元化（亦即被固定、被特权化）的儒学的解构，亦即批判体制化的儒学。此处所说的"体制化"可以是某种官方的、集团性意识形态的"儒学"，并借此批判而谋求儒学多元化的可能性。从上所述也不难发现，子安宣邦可谓是当今日本代表性的重振儒学批判性的思想史家，前面提及的中岛隆博、加藤彻等日本新一代的中国研究者，在重振儒学之批判性上，都可与子安归为一类。类似的批判性的《论语》解读，笔者知道的尚有，20世纪60年代初出生的学者桥本秀美的《〈论

---

[1] 《章太炎全集》第六卷，上海：上海人民出版社，1986年，4页。

语〉：心之镜》（2009年）与安富步的《为了生的〈论语〉》（2012年）[①]，他们的解读都各有其特色，囿于篇幅，此处从略。

本书的另外一个特点，是子安也很注意与现代汉语圈学者《论语》解释的对话。子安并非中国研究者，在以西方（尤其法德大陆中心）为中心的现代日本人文学界，他这个年龄段的人文学者能阅读现代汉语的寥寥无几，他算是例外（文言文是日本中学的必修课）。钱穆（1895—1990）的《论语新读》（台北：东大图书股份有限公司，1988年）、李泽厚的《论语今读》（北京：生活·读书·新知三联书店，2004年）也被频繁地提及。李泽厚可谓是影响了中国大陆20世纪八九十年代整整一个时代的最重要的思想史家及思想家，钱穆则是我们这个时代最重要的中国学术史家及中国思想史家。三者的《论语》解读之间的对话关系以及其间的同异，也是很有意思的问题。

以上笔者以"倒叙"的方式介绍了子安宣邦《论语》解读本身的思想史脉络、儒学史脉络及其思想史的方法论脉络。直接论及子安先生《论语》解读的篇幅并不算多，因为子安的解读如何，读者当有明断。

林少阳

2014年7月

[①] 桥本秀美：『「論語」——心の鏡』，東京：岩波書店，2009年；安冨步：『生きるための論語』，東京：筑摩書房，2012年。

绪言 《论语》与「学」之复权

孔子与《论语》

《论语》是汇集了孔子言行、与弟子们的问答,乃至孔子门人话语的语录集。孔子生于公元前552年①,殁于公元前479年,乃是生活在距今二千五百年的中国周王朝末期之人士。其时正值春秋战国之交,诸侯争霸,时局纷乱。孔子奉周初文武之世卓越的政治与文化为理想。年老时他曾道:"甚矣吾衰也!久矣吾不复梦见周公!"(述而篇五)这正是孔子毕生以周公之道为志向的写照。孔子以周公之道为理想,长年参与以鲁为主的众多诸侯国的政治事务。然而,孔子的从政经历,也是与现实政治世界及权力者之间的抗争与挫折、谏诤与离脱之过程。

孔子年六十岁(鲁哀公三年)时②,离开宋国前往郑国。途中与弟

---

① 对于与孔子生平相关的重要纪年,为方便中国读者阅读,中译本参照《史记·孔子世家》之纪年进行了修订,并以注释的形式说明日文原文的纪年。全书统一。——编者注
② 此处原书的纪年为"孔子年五十九岁(鲁哀公元年)"。——编者注

子走散，一个人伫立于城郭东门。据说，有个看见他身影的郑国人，后来对子贡说孔子看来非常疲惫，"累累然若丧家之狗"（《史记·孔子世家》《孔子家语》）。这正是在现实的政治世界中始终不遇的孔子的写照。然而，孔子仍然常常和弟子们一道对"学"进行发问，从不间断。后来，孔子开始钻研周朝初期的治世章法与经典文章，并把准确地向后人传谕周王朝的丰功伟绩及其遗训的事业，视为自己的使命。

江户宿儒荻生徂徕认为：所谓"五十而知天命"（为政篇四）说的正是孔子开始自觉地明确自己的使命。或许真是如此。不过，实际上当孔子周游完列国回到鲁国后，开始履行自己的使命，集中精力编写先王及前人的遗训，脱离政治世界的时候，孔子已经六十九岁。晚年的孔子际遇更为不幸。弟子颜回英年早逝，孔子发自内心悲叹道："噫，天丧予！"（先进篇九）。当时，孔子年已七十岁[①]，三年后谢世。

孔子一生坎坷，但始终有学子们相依为伴。在好学者孔子的周围，就这样形成了一个学习团体。这就是所谓"孔子学园"。这"学园"并不是指学校设施，而是由老师与学子组成的学习团体。子夏用"博学，笃志，切问，近（静）思"（子张篇六）描述孔子的学问。孔子的这种"学问"只有在同现实政治的关联之中才得以成立，当然，也可以说是对"学"切实发问而产生的吧。何谓"道"，何谓"德"，何谓"信"，"君子"在哪里，等等，这些都是在与现实的关联中提出的质询。由此才第一次出现了自觉的有意识的"学"与"问"。从这个意义上说，孔子及其弟子们堪称人类历史上最早成立的学园了。

这意味着孔子不仅是最早自觉地树立"学"的人，同时也是最早提

---

① 此处原书的纪年为"孔子已七十一"。——编者注

出"何以谓之学"的问题的人。我们现在阅读《论语》，等于在重新解读孔子最早提出的关于"何谓学？""何谓道？""何谓信？"等一系列问题。我们要将这些问题摆在自己面前，重新阅读、重新思考。因为当初的这些发问，都是有关这些观念或概念的最本质的发问。

解读《论语》

现在通用的《论语》均由二十篇（学而篇第一至尧曰篇第二十）组成。不过最早的版本并非如此。此书是孔子殁后，由他的几个得力弟子记录，并各自传授的孔夫子的话语。后来，大约在汉初（公元前200年），这些语录被收集整理成文本。一般认为，《论语》被确定为二十篇是西汉末张禹的所为。孔子殁后大约四百年，《论语》才第一次以二十篇的版本问世。

汉朝时期，儒教被奉为国教，孔子被推崇为圣人，其言自然也成了圣言。这样的孔子观，在文本上亦有所体现。当然，历经四百多年，孔子之言本身也因传授者们依据自身的立场有了不同的解读，而各异的解读逐渐改变了孔子之言本身的样貌。于是，西汉末年编辑的孔子言行录，绝非如实传达孔子言行的原创性文本。所谓《论语》，是一部历经了四百年不断被修改而生成的文本。不过，值得我们注意的是，不只是《论语》，所有具有原始经典性的文本，或多或少都经历了相同的形成过程。

这暗示着阅读《论语》的一个重要问题，即《论语》是经过了多次重述之后才作为书面文本被确定下来的。不仅如此，《论语》成为固定文本后，又被不计其数的读者反复重读了两千余年之久。所谓"古典"，就是在读者不断反复重读它的同时，能够获得适合于不同时代的重要信息。在这类古典著作之中,堪称属于全人类共同财富的,就是"经典"了。从这一意义上来说,《论语》堪称是东亚最伟大的古典著作,也是最重要的经典。在相当长的时间和相当广的范围内,在东亚世界不断被重读的经典,除《论语》外别无他选。也正是因为经典历经了如此漫长的年岁,被反复重读,因此其文本早已累积丰厚的前人阅读经验。而我们读《论语》,正是通过这些由前人累积的丰厚的阅读经验进行重读的。因此,所谓"读《论语》",也就是重读前人的阅读经验。

身处遥远后世的我们,无法独自且直接地阅读《论语》原始文本。也就是说,后世之人无法只用自己的眼睛去阅读《论语》。这并不是因为我们是日本人才不能这样读,中国人也一样。《论语》是两千年前成型的文本,两千年前的《论语》与两千年后的我们之间,存在着巨大的言语乃至思想上的差距。能够帮助我们消除这差距的,就是《论语》的注释。《论语》这一文本定型后不久,在东汉(公元1—2世纪),就开始有人对《论语》进行注释,此即《论语》"古注"。三国魏何晏(约公元193—249)的《论语集解》是古注的集大成之作。日本贵族和僧侣们直到镰仓时代,仍然依靠古注来解读《论语》。

南宋学者朱熹(1130—1200)的出现一举改变了传统的阅读方法。朱熹创立了一套包含从宇宙论到伦理学的哲学体系,即"朱子学"(性理学或理学)。他正是从这套哲学体系出发重新解读《论语》的,他更将儒学体系重构为一种学术体系。朱子的经典解释被称为"新注",其注本即《论语集注》。在中国、朝鲜,乃至在日本,朱子的注释都被视为《论语》解释的最基本的依据。日本江户时代盛行朱子学,人人皆读《论语》,其实当时读的就是朱子的注释。朱子是从本质上重读《论语》的第一人,甚至可以说,假如没有朱熹的《论语集注》,就不存在什么

《论语》的注释。

虽说江户时代朱子学为当之无愧的一代显学,到了江户中期,还是出现了批判朱子学的学者,他就是提倡古学(古义学)的伊藤仁斋(1627—1705)。后来更有荻生徂徕(1666—1728),与仁斋一同批判朱子,倡导"古文辞学"的新古学。仁斋批判朱子对《论语》的注释,试图追溯文本原始的意思(古义)。徂徕则更进一步,他把对古言语的理解作为立足点,将《论语》还原至先王的古代礼乐政教的世界中进行重新解读。二人重读的结晶,是仁斋的《论语古义》[①]与徂徕的《论语征》[②]。这两部著作堪称日本重读《论语》史上最值得夸耀的成果。对《论语》的重读越彻底,《论语》的文本就越能被激活,它也就越发能向我们发送新的意义,提供新的讯息。《论语》正是在这样被反复重读的过程中,为各个不同时代提供崭新的意义。

我在这里要做的是以我的方式重读《论语》。作为思想史家,我重视前人的解读成果。我将在追溯前人的解读思路的同时,以我自己的方式对孔子所提出的原初性的问题进行重新发问。究竟"学为何物""道为何物""信为何物"？人们似乎早已经忘却"学为何物"的问题,而我要做的就是重新找回这一问题。

我在重读前人的《论语》时,最重视的是伊藤仁斋的《论语古义》,理由我会在下面的章节逐一阐明。我将以仁斋为中心,兼顾朱子与徂徕,辅以现代学者对《论语》的解读,并在此基础上形成我对《论

[①] 伊藤仁斎:『論語古義』,関儀一郎编,日本名家四書註釈全書·論語部一,東京:東洋図書刊行会,大正11—15年。全书皆引此版本。原著含参考书目,但对引文的出处均无具体交代,本书所有引用的出版物信息均由译者补充。后文不再说明。——编者注
[②] 荻生徂徕:『論語徴』,小川環樹訳注,東洋文庫,東京:平凡社,1994年。

语》的理解。同时，我还打算把非学者的涩泽荣一（1840—1931）的《论语讲义》①，作为现代人接纳《论语》的一个典型文本纳入我的研究范围，进行对比参照。

《论语》与"教育"

首先来看《论语》是如何解释"教育"这个问题的。我认为，《论语》是最早记录东亚人对言行进行反省的文本。所谓"反省"，就是对人间的各种事、象进行自觉的有意识的发问。最早提出这些问题的是孔子，后世的我们也反复地对《论语》提出同样的问题。那么，为什么要问《论语》是如何看待"教育"的呢？其实孔子在《论语》中并没有提到"教育"的问题。因此，对《论语》中的教育观发问，是一种设问。我们知道，《论语》提到"学"及其重要性等问题，但对"教育"的问题则没有论及。

> 子曰：十室之邑，必有忠信如丘者焉，不如丘之好学也。（公冶长篇二十八）②

［译］人们也许会说我是个忠信之人（诚实之人）。只有十户人家的村子里，必有一人忠信如我，只是如我般好学者恐怕是不多见的吧。

孔子称自己为好学者。的确，他年仅十五岁之时，就立志于学。孔

---

① 渋沢榮一：『論語講義』，東京：二松学舎大学出版部，明德出版社，1975年。
② 译文中出现的《论语》原文均沿用日文原著中引用的汉文原文。——译者注

子的"吾十有五而志于学"(为政篇四),确实为少年立志向上好学提供了典范。所谓"学",即学习古典,阅读前人及先贤遗留下来的文章。为此,《论语》开篇第一章,就表达了"学"之欣悦,"学"之愉悦。"学而时习之,不亦说乎?"(学而篇一)但是,《论语》通篇几乎不提"教"或"教育"。在与"教"相关的为数不多的几句话中,卫灵公篇第三十九章这样说:

子曰:有教无类。

孔子此处所言之"教"应作何解呢?是指"教育"吗?现代学者们无疑会立刻在两者间画上等号。先来看金谷治《论语》①的解读:

先生说:有教育(的不同),没有(天生的)类别(之差异)。(无论是谁,都能通过教育成为有出息的人。)

金谷这样的现代语译法,可与阳货篇第二章的"子曰:性相近,习相远"句互相参看。后者用现代语或可译为"虽天性相近,但气质(习惯与教养)有异"。在此我注意到,金谷很简单地把"教"直接译成了"教育"。这样,孔子的话就可以被理解成"无论是谁,都能够在普遍教育的指引下,超越人与人之间与生俱来的差异"。说出这样的话的孔子,将是一位以人类平等为信念的教育家。吉川幸次郎更进一步强调了孔子的这个特质:

---

① 金谷治訳注:『論語』(改訳版),岩波文庫,東京:岩波書店,1999年。

重要的是教育，而非人之类别上的差异。也就是说，所有的人都是平等的，都平等地拥有获得文化的可能性。无论是谁，都能通过接受教育变成出色的人才。此文体现了孔子的人类平等观，很受重视。日本的儒者中，最推崇此文的是仁斋。他说："此所以孔子为万世开学问也。至矣，大哉！"（《论语》①）

显然吉川也把"教"直接理解成"教育"，并将孔子理解成信奉平等主义的教育者。吉川以伊藤仁斋为例，说仁斋对平等主义教育者孔子赞赏有加。现代学者们对《论语》的这句话的理解几乎如出一辙。宫崎市定的翻译也差不多："人与人之间的差异是教育的差异，不是人种的差异。"（《论语之新研究》②）不过是把人后天所接受的"教育"与先天性差异的"人种差异"相对置而已。孔子所说的"教"真的等同于"教育"吗？这里采用通用现代语翻译"教育"一词，意思为"教化、教导、培养人格或人才"。这种意义上的"教育"，是近代日本翻译Education及Erziehung时引用的概念。"教育"一词曾在《孟子·尽心上》出现。顺带说一句，在Hepburn的《和英语林集成》（1867年，初版）中，Education的译词为"教授、教训、教养、教育"。井上哲次郎的《哲学字汇》（1884年，改订增补版）中，将Education译为"教育"。在注释中标注"教育之字，始出于《孟子·尽心上》"。现代的学者们几乎都不假思索地把"教育"这个近代翻译词，作为后天的教导能够使人类超越先天之差异的理念，塞进《论语》。由此产生了"人与

---

① 吉川幸次郎：《論語》（上、下卷），朝日选书，東京：朝日新聞出版，1996年。
② 宮崎市定：『論語の新研究』，東京：岩波書店，1974年。

人之间存在的差异是教育的差异引起的,并非人种的差异"的译文。

不过仔细地想想:把"教"直接等同于"教育",岂不是一种奇妙的理解么?以此类推,孔子不就成为拥有教育理念的教育者了么?这样一来,阐述此教育或其理念的话语,在《论语》中必然俯拾皆是了。事实恰恰相反,孔子尽管热衷于谈论"学",却对"教"惜字如金。吉川引以为证的伊藤仁斋,也并不认为《论语》中的"教"是"教育"的意思。

何谓"有教无类"

伊藤仁斋在京都堀川之塾的古义堂执教期间确立了古义学,并培养出大批学子。在《论语古义》中,他是这样解读"有教无类"的:

> 此言天下唯有教之可贵,而无类之可言。教法之功甚大,而世类之美恶,在所不论。盖人性本善,虽其类之不美者,然有学以充焉,则皆可以化而入于善矣。此所以孔子为万世开学问也。至矣,大哉!

"教"指的是孔子之教,意为教法。换言之,即"人性本善,虽其类之不美者,然有学以充焉,则皆可以化而入于善"的教诲。"类"即"世类之美恶",世俗之中以美恶(即善良、邪恶)区分人。超越世俗对善人与恶人之类的区分,使每个人获得向善的可能,就是学问。这就是孔子的教诲。所谓"学问",就是扩充一己的可能性,以实现人之善。仁斋认为,正由于每个人都拥有这种可能性,因此才有"人性本善"之说。仁斋称赏道,正因为孔子率先告诉人们学问的意义,他才当仁不让成为"开万世之学问"的一代圣师。吉川所说的拥有平等主义教育理念的教师孔子，并非仁斋所称赏的"至矣，大哉！"的那个孔子。孔子之所以是"人类的导师"，乃因为他教示世人，以人为目的的"学问"之意义及其"学"之重要性。在此，我们看见一个终生致学的孔子。这位孔子，是那些把"教"等同于"教育"、将孔子视为一位单纯的"教育者"的现代学者们没有发现的。

借仁斋的《论语古义》来读《论语》，能够暴露现代学者们的《论语》解读中隐含着现代主义谬误。所谓"普遍性教育"，是伴随现代国家的国民教育的创立而问世的观念。现代的学者们如此轻率地将这一近代的教育观念，糅进两千五百年前孔子的作品中解读，其结果就是忽视了"学"的意义及其重要性。因此，这种以普遍性教育理念为宗旨的学校教育，与破坏少年们向学之志是有关系的。

另外，再来看大阪怀德堂之儒者中井履轩（1732—1817）的《论语逢原》[①]。履轩屡屡将孔子的话移用于人们的日常生活之中进行解读。他对"有教无类"的理解也别具一格：

> 是两平语。言人唯因教而分而已，无有所谓类者也。父兄子弟宗族，世间往往善恶为类。似因类而分。故世人皆疑于类之不可变。故有是言也。直云无类，是真无类也，非有而不论焉。小人群居，每以回邪相导相励，故其子弟多回邪。此回邪者，小人家中之教也。曾无胎中带回邪而生来者。

[①] 中井履轩：『論語逢原』，関儀一郎编，日本名家四書注釈全書・論語部四，東京：東洋図書刊行会，大正11—15年。

在中井履轩这里,"教"的确被理解成"教育"的意思。人世间对善恶的区分,并非先天确定,而是由后天的教育引发的。教育产生类别,而教育又能消除类别间的差异。不过,这里所说的教育,并非由人类平等的理念引申而出的"教育"。小人在集团内部施行不良的教育,自会产生不良的后继者;因此,所谓教育就有人与人之间相互的教唆、教导的机能。正是这种机能后天性地决定了人及其团体的性格,也规定了其偏向性。按履轩的理解,孔子敦促我们注意的,正是教育的这一侧面:即它可能造就社会之中的优劣之分。

这里的孔子,不是认为人受教育便能独自成才,在此方面没有差别的平等主义教育家。毋宁说,他是一位卓越的人类社会观察者。因为他提醒人们注意,社会性存在的优劣差别的再生产,是社会集团内部的教育本身造成的。另外,更加值得注意的是,这样一种对"教育"的理解,产生于大阪的学问所——怀德堂,这是由町人①自发组织的属于町人的学习场所。履轩想说明的是:孔子教导我们的,正是町人超越自己的社会阶层差异,致力于读书的重要性。

《汉和大辞典》记载:"教"字的本义就是上行下效。"教育"一词原本带有浓烈的政治色彩。可以说,教育就是由权力阶层对下层民众进行驯化的支配行为。正如米歇尔·福柯所言,教育始终含有调教("规训")的意思。其实,《论语》中有这样一句话,"子曰:以不教民战,是谓弃之。"(子路篇三十)宫崎市定将这句话译为:"把未曾接受训练的人民发派到战场上,犹如直接送他们去赴死一样。"所谓教育人民,就好比对人民施行军事训练。"教"与"教育"原本含有这层意思。它

---

① 日本江户时代住在城市里的手艺人和商人。——译者注

是指自上而下施行的调教,是下层被迫为服务于上层而进行的一种他律性的学习过程。若是这样,那么这应该是一种与孔子学园水火不容的"教育"概念吧。因为孔子学园本身是一个自律的读书人的团体。自上而下施行的民众教育带上正面积极性意义,始于现代国家的国民教育,亦即使国民平等地获得接受教育的机会。

借"有教无类"积极倡导平等主义教育理念的是涩泽荣一。他是近代日本实业家的代表,著有《论语讲义》。涩泽在孔子的"有教无类"这句话上标训读,并依照江户末期儒学者安井息轩的观点作出解释。最后发表的感想如下:

> 今日我国教育之法,恰合于"有教无类"之理念。即不分贫富、贤愚、贵贱、习俗、都鄙之别,取消一切差别,向所有的男子女子,普遍地施行平等的国民教育。应神天皇十六年(285年),《论语》十卷自朝鲜传入,后虽文教渐开,然而,直至德川幕府倾覆,教育乃为贵族或上流人士所独占,而农工商三民则未能接受教育。阶级政治之恶弊恐无过于此。(《论语讲义》)

涩泽的这段话表明,教育平等之理念的确立与民族国家的成立是相辅相成的。诚然,国民教育是建立在教育之平等的基础上,在教育平等作为制度确立之后的近代日本学者,把孔子的"有教无类"理解成传播平等主义教育理念的信息。而当现代学者们也以同样观点去理解孔子的"有教无类"时,恰恰忽视了孔子其实首先是一个读书(学)人,而在后来者眼中充斥着"阶级社会之流弊"的德川社会,其实对"学"及"志于学"而言是相当开放的社会。

大阪学舍怀德堂是町人与武士共同学习的地方，大都市中的私塾（"寺子屋"）则聚集了许多庶民和下层武士的孩子看书、习字。在那个时代，不存在着自上而下的以"教育"为名、从制度上施行国民教育的机制。江户时代的学校并非是应上命而设置的"教育"机构，而是民众自发组织的、为有志于"学"者设立的场所。

同志之学堂——古义堂

伊藤仁斋于故乡京都堀川开设私塾（即古义堂）讲学，据说是在宽文二年（1662年），也就是他三十六岁那一年。仁斋在开设私塾的同时，还创建了"同志会"的组织。所谓"同志会"，指的是以圣人之道为共同志向者聚集一处，互相勉励、共同进学的组织。仁斋之《古学先生文集》中收有《同志会之式（同志会规则）》与《同志会籍之申约》二文，我们可以从中了解该会的纲领主旨及运营方式。

将同志会的运营方式简单记录如下：集会当日，由会众中选出会长，主持当天的会议。拜先圣先师牌位，接着宣读会约。后由当天的讲者讲书。讲毕，则由听者提出疑问，讲者答疑，继而再由别的讲者开讲。几轮讲书及问答结束后，由会长主持策问，或提示本日论题。会众循题各为策论。会长最后以这些策论为基础进行总结评述。每次会议的讲义、策论以及讨论问答的笔记，都独立装订成册。《古学先生文集》所收之讲义、策论与笔记等，如实地传达了当时同志会的情况。仁斋既作为会长主持集会，同时依据会则，他也是同志会中的一名成员。《同志会之式》的最后记载如下的禁令：

议论之间，严禁嬉笑游谈，骇人听闻，及大挥扇，喧聒座中。且一切世俗利害，人家短长，及富贵利达，饮味服章之语，最当诫焉。

《同志会品题之式》中还记有会中评定优劣上下之序列的规则：

——言语有法、学识正确者，列之上科。
——言语谨慎、行止忠实者，列之中科。
——才气虽秀、言语浮躁者，列之下科。①

同志会应该是日本近世社会中最早将其运营规则记录、保存下来的学习组织吧。该会的一大特色为：它不是以指导者为前提设立的教育组织，而是彻底的学习者、同志之间的学习团体。仁斋也是一名有志于圣人之道的学问同志。虽然他在为学之路上比他人先行一步，但也并未自任为师。归根到底，仁斋不过是以先进的学习者身份引领同志会，主持古义堂而已。到了我们的时代，情况整个颠倒了。在现在的大学教育制度中，我们早已丧失对学问的意欲，换言之，现在的教育制度，不过是完全不具备学习之意欲的学生们，接受早已丧失对学问的意欲的教授们之教育指导而已。"教育"制度的成立，究竟使我们失去了什么，真是值得我们好好反思了。

京都堀川有以"学"为中心的组织。而"志于学"，则是说无论什么人，从公家贵族到升斗小民，都能够在那里找到一席之地。仅资料所及，向仁斋古义堂递交名片申请加入的就有"三千余人"。

---

① 引文参见爱媛大学铃鹿文库所藏古本《古学先生文集》。——译者注

町人之学问所——怀德堂

怀德堂是18世纪大阪富甲一方的商人们，以"五同志"①之一的富永芳春（通称道明寺屋吉左右卫门）为首的上层町人们，与三宅石庵、五井兰洲和中井竹山等学者联手创建、维持并经营的学问所。怀德堂的历史呈现一个事实，即由町人创建、维持的"町人之学问所怀德堂"，并非仅仅是将大阪的大商人当成赞助商的学问所。重要的是，它是那些大商人、町人们出于自己的需要，而与学者们联手创建的。比起大商人们亲自经营学校，这一事实的意义更加深远。

怀德堂是出自町人自发向学的意志，并在经济上、精神上受到町人们支持的学校。在江户时代，无论是町人还是农民都拥有向学的志向。不仅如此，他们还能够将这种志向付诸实践。

前文谈及的伊藤仁斋是京都的町人出身。他早年志学，十一岁从师学句读，读《大学》"治国平天下"句，遂有"于今之世，尚有思治国平天下之大事者乎"之感慨。我在仁斋的传记中读到这段记载时，惊讶于少年仁斋之英才抱负，但更令我惊叹的，是近世初期的京都已经能够为仁斋这样的少年提供相应的学习条件这一事实。

石田梅岩（1685—1744）生于丹波的农家，入京都商家任奉公人，同时勤勉向学。四十四岁时于京都开设心学讲舍。梅岩的事例比仁斋更加令我惊叹。一般的评传都只描写了梅岩的刻苦勤勉，却未能解释为何

---

① 怀德堂"五同志"指的是中村睦峰（三星屋武右卫门）、富永芳书、长崎克之（舟桥屋四郎右卫门）、吉田盈枝（备前屋吉兵卫）、山中宗古（鸿池又四郎）等五位怀德堂创建者，五人均为大阪有财力的商人。——译者注

其向学之志能在近世社会践行。仅从与学问相关的角度看，近世日本社会是同时具备开放性与先进性的一个了不起的社会。涩泽描述了教育为上流人士所独占的黑暗，却对近世日本为数众多的自发向学者的志向与其实践视若无睹。当然，正是因为江户时代尚不存在官方确立的教育体系，故町人们自发向学的志向未被上层权力的教育体系所吸收，而是自力更生地迈上达成学问的道路。

近世18世纪大阪的町人们，出于各自向学的意志而创建学校。然而，怀德堂的讲义，并未因此而仅仅满足町人实用性的要求。当时知识人认为正统的学问以儒学为中心。不过，不要误会，说是儒学，并非单纯的道德说教体系，而是包含对自然、人类及社会认识的完整的知识体系。因此创建怀德堂，就意味着町人们是自发地渴望获得这些方面的知识。

山片蟠桃（1748—1821）可以说是这种町人知识分子中的代表。蟠桃是大阪货币兑换商升屋①的经理人。要论当时大阪货币兑换商人究竟有多大实力，只要看看当时仙台藩的财政交给蟠桃一手掌控，并全权委任他再建等事例就约略可知。这位蟠桃在怀德堂中受教于中井竹山及中井履轩兄弟二人，后著有《梦之代》（原名《宰我之尝》）一书，并流传后世。此书以"天文"开篇，继以"地理""神代""历代"，后论"制度"与"经济"，乃至"经论（学问论）""异端""无鬼（宗教批判）"，是一本18世纪知识的批判性之集大成的力作。

那么，为什么蟠桃能写出《梦之代》这样的书呢？就算归结为他卓越的知性，也不能算是完整的答案。应继续追问，为什么在18世纪的大阪会产生如此卓越的知性呢？可以肯定的是，蟠桃的伟业因有怀德堂

---

① 江户时代主营金银钱币交换及存贷业务的商店，类似于现代的银行、金融企业。——译者注

才粗具雏形。而怀德堂的创立又是以町人自发向学的愿望为基础的。因此，怀德堂是对任何人开放的"学"之场所，而不是一种封闭的教育设施。同时，大阪的怀德堂又是18世纪日本知识网络中枢纽所在，周游各地的知识人都会在周边逗留一时，进行知识的交流。近世大阪不仅是商业物流的中心，而且是知识信息交流汇聚的中心。身为一介商贾，蟠桃为何能写出《梦之代》这样的巨著？答案应当可以从近世大阪的这所怀德堂中获得。

"教育"在制度及设施方面的完善，反而使少年们丧失向"学"的意志。因此，我们必须进行"学"之复兴，要唤醒自己心中对"学"的渴求以及"问"的迫切感。为此，让我们一起以此为目标，以原初性发问的形式学习《论语》吧。孔子是最早提出"何谓学""何谓道""何谓信"的反省式发问的人。而《论语》则是这原初性探询的记录。所谓原初性发问，也就是根本性的探询。

我读《论语》的方法

我读《论语》的方法是遵循伊藤仁斋的读法的。仁斋重新的读法叫做"重读《论语》"。所谓"重读"就是再一次重新阅读已经确立的解读范本。《论语》早已为朱子的阅读和解释所遮蔽。仁斋的做法就是重读朱子的解读，并试图通过这种方法去聆听《论语》中原味的孔子教诲。仁斋将这一重读叫做"论语古义学"。我模仿的正是仁斋的古义学之方法。

《论语》的文本上已经累积太多前人的解读，而我们自己的阅读也只能通过这些解读来进行。想用全新的眼光来阅读完全不沾染任何前人理解之痕迹的全新古典文本，不啻天方夜谭。我们阅读古典著作，常常是在重读着前人的阅读理解。而我想做的就是遵循仁斋的模式，将这种重读自觉化。从古至今，一直制约着我们对《论语》解读的，是朱子的注释。而最早带有自觉意识的批判眼光重读朱子解释的，则是伊藤仁斋。一方面受到仁斋的触发，另一方面又带着批判的眼光对仁斋进行重读的是荻生徂徕。于是，今天我们手中才拥有仁斋与徂徕二人重读《论语》的珍贵遗产。其实直至今天，《论语》的重读都是在这一成果的基础上完成的。而我作为思想史的研究者，也将通过对这一重读过程的自觉回溯，对《论语》重新解读。

我曾在一系列的讲座中与市民一起重读《论语》。在此过程中，我开始直接面对《论语》中孔子提出的问题。有一段时间，我开始意识到，孔子自己其实是在不断地反复问"什么是学""什么是道""什么是政""什么是礼"这些问题。而当我悟到《论语》其实记载了孔子自己反复不断地发出的疑问时，我阅读《论语》及其解释者提供的诸种解说的方法，也就相应发生了改变。我对《论语》的重读，先是对前人的重读历程进行再追溯的思想史考问，再进行与我自身根本性的重新发问有着密切相关的、痛切的且紧要的思想考问。我的重读方法也发生了变化，而这本共二十三讲的《论语》解读，正展现了这一变化过程。这本书并不是我对《论语》的解释的完整呈现，而是我通过对《论语》的重读贴近《论语》中孔子提出的问题，是我接着孔子的重问而继续自己的叩问这一过程的整理。我希望读者诸君也能借助此书，各自重新叩问孔子曾经一再提出的问题。

第一讲 论"学"

《论语》开篇第一章,即是孔子讲述为"学"之欣悦,这表明《论语》中"学"的重要性。我们在《论语》中看见的孔子及其弟子的集团,就是最早以自觉意识去"学"的集团。《论语》中的孔子又是第一个提出"学为何物"这一反思性发问的人。这么说是因为,在《论语》之前并没有文章记载"学为何物"这一反省式发问。原初性叩问,也是本质性叩问。我想以孔子的重问为己用,用反问自己的方式,寻回已经失落的"学"之意义。

学而第一·第一章

子曰:"学而时习之,不亦说乎?有朋自远方来,不亦乐乎?人不知而不愠,不亦君子乎?"

伊藤仁斋对孔子提出的"学"之意义给予最高评价。我们下面就参照他在《论语古义》中的注释来解读本章。

【仁斋古义】

仁斋先解释句子大意，再总结各节内容。"学，效也，觉也。考诸古训，验之见闻，有所效法而觉悟也。习，温习也。说，同悦，喜也。"

第一节大意："言既学矣，而时时温习，则智开道明，犹大寐顿觉，跛者忽起。"第二节："朋，同类也。其学足以被乎远，则君子善与人同之志得遂，而足以见我德之不孤，何乐如之？"第三节："愠，怒也。君子成德之称。言德备于己，则富贵爵禄，毁誉得丧，一切无所动乎其中。故虽人不知而轻贱之，毫无所怒。学之至也。"

接着，仁斋依据《论语古义》之大注，就这一段之所以成为《论语》开篇第一章作了如下说明："故学而时习，则所得日熟，是为诚悦矣。有朋自远方来，则善与人同，是为诚乐矣。……而朋来之乐，不愠之君子，皆由学而得焉，则学之为功，不其大乎？夫子所以为天地立道，为生民建极，为万世开太平者，亦学之功也。故《论语》以学之一字，为一部开首。而门人以此章置诸一书之首。盖一部小《论语》云。"仁斋认为：孔子之伟大之处在于其学问。因此，把描写"学"之欣悦与快乐的这一章设为《论语》的开卷第一章吧。

【子安评释】

仁斋所谓"学，效也"，是指遵循古训（古人的教诲）来学习。"学"原本就意味着学习先人遗下的教诲，向过去时代的人，即向先辈、先贤学习。因此，正如孔子自视为"好古"之人一样（述而篇一），与此"学"之自觉相伴随的，是将"古"视为应"学"之物的理解与把握。对新的事物，不称"学"，而称"知"。"学"面对的是已逝去的时代，过去的方向。但是，"学"不等于尚古主义。我之后会谈到，人只有通过学习前人，才能获得真正的自立。

【朱子集注】

朱子也说"学之为言效也"。但接下去他又说:"人性皆善,而觉有先后,后觉者必效先觉之所为,乃可以明善而复其初也。"在朱子看来,一方面"学"是向先觉者学习,另一方面"学"又能达至本心之觉醒。以此类推,作为学古之"学"到了朱子为止已经失传。或许这就是朱子的注释被称为"新注"的缘故吧。遵循先觉者的指引而通往觉醒之"学",既是可以用禅修来完成的"学",也是指向内心的内省之"学"。这意味着在朱子的时代,也就是宋代,儒学已经发生转变,成为糅合佛家与道家思想的一种学说。

【徂徕征】

荻生徂徕认为"学"即是"学先王之道也"。学先王之道,亦即是学作为先王之教的"诗书礼乐"。"时而习之",是按照"诗书礼乐"各个时节"诵习之"。徂徕还说:"习者,肄其业也。"徂徕的理解让我们重新思考"学业"与"修业"二词的意义。"学"与修业、积业之间,并无差异。因此徂徕才会说"习"是"以身处先王之教也",即强调学习过程中身体的习得(《论语征》)。徂徕以自己的身心一体的学习论来对抗朱子提出的内指的学问观。

【子安评释】

以"学"之欣悦为《论语》开卷第一章的信息,或许诚如仁斋所言,宣告了孔子思想中"学"之重要性。"学"对孔子之重要性,从他与他的弟子们一道最早开始自觉"为学"这一点上即可看到。当然,所谓"最早",未必就意味着"世界第一"。《论语》是承载了人之原初叩问与反省的文本,而这也是我们要不断重读它的意义所在。而所谓"原初",也即是一种本质性的东西。说孔子是最早开始自觉"为学"的人,是因为他是第一个反思"学为何物"的问题并试图将其形诸言语的人。

  正如"学习"一词所示,"学"与"习"本非二物。如仁斋所言"学,效也",遵循古训而学,模仿前人而习,是模仿的意思。学"古"并非只是古学派的特权。所谓"古学",其实就是意识到"学古"这一"学"之模式。孔子首次明确指出,对人而言,"学"就是"前人之学"这一层意义。"温故"也不单纯是表达一种怀旧的志向。孔子说过,所谓"知新"的发明,只能来自"温故"(为政篇十一)。直到视古代为蒙昧时代的进步史观兴起之前,"古"一直被视为应当学习的对象。"为学"的孔子是一位既好古又信古的人。因为"古"是一面能照映"今"并促使"今"反省的明镜。所谓"复古",是为了使时代焕然一新,以必要的"古"作为镜鉴,作为面向将来的踏板。对仁斋而言,"古学"也意味着"学"之革新。

为政第二·第十五章

子曰:"学而不思则罔,思而不学则殆。"

  "学"即是追随前人、先师为学。"思"即是反问己心。孔子认为,只学而不自思则昏而不明,只思而不学则很危险。这句话里蕴含着教导我们必须好好思考的重要信息。

【仁斋古义】

  仁斋以"稽于古训之谓学,求于己心之谓思"来解释"学"与"思"的字义。对孔子的整句话解释如下:"会天下之善而一之者,学之功也。极深研几,与鬼神同功者,思之至也。学之功也实,思之至也神。学而不思，则实无所得，故罔。思而不学，则师心自用，故殆。"仁斋所指的，与其说是我们的"学"与"思"，不如说是孔子的"学"与"思"。"会天下之善而一之者……"一段是对孔子"学"与"思"的解释。仁斋称赞孔子的学问与思索之功所用的语言过于抽象。

【朱子集注】

朱子在《论语集注》中也解释说："不求诸心，故昏而无得。不习其事，故危而不安。"这一解释并没有脱离字面的意思。

【子安评释】

孔子将反思古训、遵从先贤之"学"与反求、反问己心的"思"对置，并说：只关注前者，则弊在昏；只关注后者，则弊在危。让我们重新来思考一下这句从"学"与"思"对置角度出发所做总结的话语的重要性。我认为，这句话提醒我们，人的精神活动中包含被动的学习与能动的思索两个侧面。也可以说，人就是一种"学"的存在。人若不首先学父母以及周围的成年人，就无法自立。"学"这一被动的过程，是人的自立活动的基础。人要自立，首先必须通过学习的方式来理解并接受自己存在于其中的世界，接纳这个世界为人的自立提供的基点。可以说，有了被动学习的基础，人才能进行主动的、自立的精神活动。如果缺少通过学习接纳世界的过程，人能真正自立吗？或许表面上看起来自立，实际上是自己的任意妄为而已吧！没有被动基础的自立，人会因为自己的妄为而陷于危殆的境地。然而，一味只是被动地接受，却不具备主动反省思考的精神能动性的人，则无法用自己的眼睛来看世界，也看不清世界。对这样的人而言，世界始终是昏暗模糊的一片混沌。

为政第二·第四章

子曰:"吾十有五而志于学,三十而立,四十而不惑,五十而知天命,六十而耳顺,七十而从心所欲,不逾矩。"

【朱子集注】

朱子学派并没有把本章视为孔子对自己求道修学过程中各个阶段的回顾。他们认为孔子是"生而知之"的圣人,当然不会拥有像本章中所描述的求道经历。因此程子说:"孔子生而知之也。言亦由学而至,所以勉进后人也。"本章所说的并非孔子自身求学的过程,而是后学们进学乃至到达目标的必经阶段。

【仁斋古义】

仁斋虽然也同意孔子具备所谓"生知安行"圣人资质的观点,但他更认为孔子一生中经历了诸多阶段,并随着年龄的增长,不断地超越这些阶段。他这样解释本章大意:"此夫子自陈其平生学问履历,以示人也。先言其'志于学'者,盖言虽圣人之资,必待学问,然后有所至,以归功于学问也。自立而至于'不逾矩',是其效也。夫圣人生知安行,而其有阶级者,何哉?道之无穷,故学亦无穷。唯圣人极诚无妄,日新不已,自少至老,自不失其度。故能年年觉其进,而自信其然。盖人之于一生,自少而壮,而老,年到于此,则其智自别。孔子虽圣人之资,也不能无老少之异焉。即又不能无老少之别,犹天有四时,自春而夏,而秋而冬,其寒燠温凉,自应其节。此即圣人生知安行之妙,而所以与天地合其德,与日月合其明,与四时合其序也。徒曰为学者立法者非矣。"

从仁斋的立场出发,本章应翻译如下:

〔子安译〕先生说:十五岁起,我开始志于学圣人之道。三十岁时,立足于学问之道,我已不为世间利禄打动。四十岁时,我已不再为面临各种各样的选择而困惑。五十岁时,我懂得了顺应天命的道理。六十岁时,我已能耳闻毁誉褒贬之事却不心烦,任其自然消失。七十岁时,我已能够随心所欲处世,却从未越规逾矩。

仁斋认为,我们不能把孔子达到的境界理解为一种禅定一样的世界。仁斋认为儒学到了宋学的阶段发生了根本性变化。换言之:"孟子既殁,斯道不明乎天下。世儒之所讲求者,不过训诂文字之间。及宋代兴,巨儒辈出,崇正黜邪,汉唐之陋,为之一洗。其功固伟矣。然当时禅学盛行,以其遗说解圣人之旨者,实为不少。于是专贵一心,而以明镜止水,为修行之极功。"这就如同朱子《论语集注》中胡氏之言,可以用"其心镜面,一疵不存,万理明尽,随所意欲,莫非至理"来描述孔子七十岁时到达的境界。然而,人心此物如孔子所言:"操则存,舍则亡。出入无时,莫知其乡。"(《孟子·告子上》)它并非以我们的意志为转移。正因如此,仁斋说:"以夫子之圣,犹至七十,始曰:从心所欲,不逾矩。"到了七十岁才说出这样的话,这正是孔子的伟大所在。而发现这一点的,仁斋是第一人吧。

【子安评释】

本章涉及"什么是知天命"这一重大的问题,但暂此搁笔,有待后文详述。在此,我们先考虑有关"志于学"的问题。这里有一位在自述简历时,说出"吾十五而志于学"的人。而孔子是少年时代就志于学的人。所谓"学"则为学古。这里出现的是立志于学"古"的少年。从此以后,"学"成为后世少年立志从事的方向。

朱子说："古者十五而入大学。此所谓（志）学，即大学之道也。"（《论语集注》）这里说的"学"（大学）是指：上至天子、公卿，下至士大夫之子弟乃至庶民的优秀子弟，也就是，以成为国家有为之士为目标而"学"人们所学的于国家有为之学问。这一学问在朱子看来，就是理学、道德学和政治学。这段话里明确地阐述了"有志于学者是谁"，以及"可志之学是什么"的问题。

并非所有的人都会有"志于学"。只有国家有为之士的子弟，或者立志成为国家有为之士的人才可能做得到。而他们所"志"之"学"是"大学"，也就是国家枢要之学的儒学，是朱子称为"穷理正心、修己治人之道"的学问。朱子这样界定了中国这一以儒学为正统之学的世界中的"志于学"与被"志"之"学"，并将之上溯至孔子时代。仁斋也把孔子的"志于学"规定为："尧、舜、禹、汤、文、武、周公治天下之大经大法，谓之道。志于学者，欲以其道修己治人，为天下开太平也。"

不过，作为17世纪日本京都町民子弟的伊藤仁斋自己，又有怎样的求学经历呢？宽永四年（1627年），出生于京都堀川勘解由小路上段鹤屋伊藤七右卫门家的仁斋，拥有怎样的向学的志向呢？记载仁斋生平的《古学先生行状》写道：仁斋十一岁起就从师学句读，并开始读以《大学》为首的"四书"。当读到《大学》中"治国平天下"一章时，少年仁斋感慨道："今之世亦有知如许事者乎？"若《行状》记载属实的话，那么，可以说明（日本）宽永之世，京都町众之子弟拥有了学习"四书"句读的机会，并且具备了对《大学》中的章句发出感慨的知识水平了。身为其中之一员的少年仁斋也能够拥有"志于圣人之学"的志向。这再次让我们看到，日本近世时代社会中"学"之景象。

那么，明治时期少年们的志学又是如何呢？我们从明治青春文学中，往往可领略明治少年之形象：胸怀青云之志，负笈奔赴崭新的学习之场。明治时期，向学之志应该就是想成为国家栋梁之材的志向吧。然而，不久，进入了现代，所有的"学"都归属学校教育。这种学校教育，如何为少年们之"学"提供方向与动力呢？现在的少年们还拥有向学之志吗？作为现代制度的学校教育，在其设置的教育课程中，即传授知识与学生学习的阶段性升学过程中，难道不是在剥夺年轻人的立志向学之动机么？

第二讲 论"仁"

孔子的确经常向弟子们阐明作为道德理念或目标的"仁",并不厌其烦地劝说他们要用心、要成为仁者。然而,虽然孔子对不同的弟子阐明过应该如何为"仁"的思想,却从未对"仁为何物"这一问题做过普遍的、抽象的回答。或更应该说,"仁"为何物这一问题,是一个有待于受教于孔子的弟子们以及继承孔子学说的后世学者们去解决的问题。"仁"究竟该如何定义,对后世的儒学学者而言是个大课题。而他们一旦对"仁"进行界定,接着就要根据此定义对《论语》中涉及"仁"的内容进行解释。我们在留意《论语》解释中发生的这类颠倒现象的同时,也一起看一下孔子论"仁"的诸种言说的方式。重要的是,孔子只是劝说弟子们要成为君子,成为自觉的行为者。而这种目标自身,或者说这种理念自身,孔子称之为"仁"。

且朱子有这样的定义:"仁者,爱之理,心之德也。"(《论语集注·学而》)又说:"天地以生物为心者,而人物之生,又各得夫天地之心以为心者。故语心之德,虽其总摄贯通无所备,然一言以蔽之,则曰仁而已矣。"(《朱子文集·仁说》)生天地之物的心在人这里的体现,就是作为心之德的"仁"。这是经后世重构的"仁"之概念中的代表。对"仁"这一概念进行重构本身，意味着朱子对儒家学说进行哲学（即性理学）上的重构。

首先，我们来看《学而篇》第二章中有子（有若）的言说吧。《学而篇》先有孔子的"学而时习之"一文，继而有解读者有子的言说，然后又有第四章曾子有名的"三省"论。由孔子及其得力的弟子有子、曾子的话连缀而成的《学而篇》，既向我们展示了孔子学派中学问传承的方式，也向我们展示了《论语》这一文本形成的过程。

学而第一·第二章

有子曰："其为人也孝弟，而好犯上者，鲜矣；不好犯上，而好作乱者，未之有也。君子务本，本立而道生。孝弟也者，其为仁之本与！"

有子是孔子的弟子，姓有名若，比孔子小四十三岁。如《论语》中尊称曾子一样，有子的称呼也说明他是孔子学说的有力继承人之一。首先，我们必须考虑，本章是基于孔子学说之有力继承者的发言而形成的。也就是说，从继承者的立场出发对孔子的教诲进行整理而形成的语录。本章反思了"孝弟"这一对于年长者而言的道德原则在社会体系（政治体系）之中的定位，并探讨"孝弟"与"仁"之间的关系，由此向我们展现出孔子的教诲被其弟子及其后继者不断重构的状况。换言之，本章向我们展现了儒家学说形成过程之最原初的轨迹。为此，本章基本上是后孔子的言说。

作为孔子道德概念的核心"仁",在此通过与"孝弟"概念的关联性被后人重构。朱子、伊藤仁斋也各自通过对本章的解读,重构了"仁"的概念。

【仁斋古义】

仁斋将"孝弟也者,其为仁之本与"用日文训读为"孝弟は、それ仁の本為るか"。我也依照仁斋的读法来训读本章。这种读法将"孝弟"这日常人伦中的道德行为视为"仁"成立的根本。虽然仁斋也认同人类世界中道德的成立,是由于有仁道充盈其间,但他更指出,能够使仁道之充盈世间,是拜日常生活中切近己身之孝悌忠信等行为实践所赐。

"犯上"是指干犯居于上位的人。前半段的意思是,孝悌之人不待学问,也自会拒行不善。"孝弟"意指人之本然之善。这一点在此已经十分明确。"本",即"根"。后半段的意思是,君子凡事专用力于根本。根本既立,则其道生生不已也;以孝悌为本,则仁道(仁之道德)充大,而足以保四海也。

以仁斋的立场,则本章应翻译如下:

〔子安译〕有子说:为人孝悌,就不会喜欢拂逆上意。更不曾有不喜欢拂逆上意而好作乱之人。为君子者,皆用力于根本。只要能好好确立根本,则能成就道的生生不息。孝悌就是仁道成立之根本。

对仁斋本章大意的进一步解释如下:

此章赞孝弟之为至德也。盖其为人也孝弟者,其性之最美而近道者也,则其必无犯上作乱之事可知矣。此则进德作圣之基本,而可以至于仁矣。仁者,道也。孝弟者,其本也。苟自此本而充之,则所谓道者生生不已,犹有源之水,导之而放于四海;有根之木,培之则可以参天。故曰:孝弟也者,其为仁之本与。①

原重治的现代语译本很好地把握住了仁斋《论语古义》中本章的大意,我在此引用。原氏把"仁为道也,孝弟为仁之本"演绎为"仁为人道之至极,亦即世界和平之人类爱,而孝行则为其根本"。这一演绎恐怕是源自原氏自身的战争体验吧。不过,它与仁斋的思想并不矛盾,都将"仁"理解成是人类社会为慈爱所充盈的状态。

我把仁斋在本章大注中所用的语言,按照原文的训读翻译如下:"可知道云者,乃指仁也。而孝弟其根本也。编者以此置诸首章之次,盖明孝弟乃学问之本根也。有旨哉!"(《论语古义》)

仁斋的"孝弟者,其为仁之本与"的读法,是在对朱子的"孝弟,乃是为仁之本"的解读法的批判和对立的基础上形成的。那么,朱子的读法又意味着什么呢?

【朱子集注】

朱子首先将"仁"定义为"爱之理,心之德",而"为仁"则"犹曰行仁"。在朱子看来,孔子的"孝弟也者,其为仁之本与"乃是"孝弟为行仁之本"之意。不过,仁之"爱之理,心之德"这一定义,意味着朱子将仁当成人心内具备的一种道德性(道理)。"爱之理"是指向外表现为爱的心之道理,这就是所谓的"仁"。因此,朱子的意思是说,对父母或者年长者的尊敬、敬爱之"孝弟",就是为实现"仁"这一道德性的重要的第一步。这就是所谓"孝弟者,其为仁(行仁)之本"。

---

① 原重治:《論語古義伝》,富山:尚友社,1958年。

我们来看一下《论语集注》中引用程子的话，它很清楚地说明了应该如何从性理学的立场出发，理解"仁"与"孝弟"之间的关系：

> 程子曰："孝弟，顺德（顺父母或年长者之德）也，故不好犯上，岂复有逆理乱常之事。德有本，本立则其道充大。孝弟行于家，而后仁爱及于物，所谓亲亲而仁民也。故为仁以孝弟为本。论性，则以仁为孝弟之本。"或问："孝弟为仁之本，此是由孝弟可以至仁否？"曰："非也。谓行仁自孝弟始，孝弟是仁之一事。谓之行仁之本则可，谓是仁之本则不可。盖仁是性也，孝弟是用也，性中只有个仁、义、礼、智四者而已，曷尝有孝弟来？然仁主于爱，爱莫大于爱亲，故曰孝弟也者，其为仁之本与！"

我只翻译一下程子此话的后半段："有人问：'孝弟为仁之本，是说可以通过孝弟进而达至仁的境界吗？'我回答说：'不是的。说孝弟是行仁的第一步，意思是行仁要从孝弟开始。孝弟不过是大仁中的一件事而已。因此可以说孝弟是行仁的根本，却不能说孝弟是仁的根本。因为仁属于性（本性、道德性）的概念范畴，而孝弟是属于用（行为、感情活动等）的概念范畴。性（道德性）有仁、义、礼、智四种而已，孝弟哪里包含其中？然而仁以爱人的行为为主，爱中最大的是爱自己的父母。因此有子才说：孝弟者也，其为仁之本与！'"

朱子学派为了用他们的哲学（性理学）来解释《论语》，费尽了口舌，由此可见一斑。

【子安评释】

"孝弟"是一种德性，它要求在家族中，对父母或长辈，子女应该表现出顺从忠诚的样子。儒家思想中对社会的教谕中第一要旨，就是以稳定家族秩序为根基，试图进而达到安定社会秩序。有子的这句话表明，儒家教义的形成早在孔子的弟子们那里就已经初露端倪。这样我们就可以从中了解到：为什么代表了后世儒家学说的这一章，会被列为《论语·学而篇》的第二章。有子想要做的，正是用日常生活中切近己身的"孝弟"这一道德，来解释目前支撑着人类社会的"仁"这一道德支柱。换言之，即"孝弟也者，其为仁之本与"。关于这句话的意义，朱子和仁斋做出了不同的解释，并各自陈述了自己的解读理由。程子、朱子是从性理学的哲学立场与体用论来解读。因此，"仁"就是人与生俱来的道德天性，是一种心性的概念，"孝弟"则是作为心性之运动的行为的概念。发现"仁"这一本身已经具备的内在的道德性，需要用道德行为来体现，而"孝弟"则是这一道德行为重要的第一步。这就是"孝弟，行仁之本也"的意义。相反，仁斋从重视日用人伦，反对性理学的立场出发，阐明以"孝弟"为根本的"仁"的世界之成立。因此，对有子的话语的不同解释，也就显示了解释者各自不同的哲学及伦理学的立场及其形成方式。显然，后孔子的有子的发言本身，就已经是对孔子思想的一种解释性的言说。

　　最后来看一下涩泽氏的解读。涩泽氏是以非常直率的方式阅读本章的。他论述自己的感想如下："所以我用人，相对于多智之人，更倾向于采用人情深厚之人。我喜欢用厚于孝悌之道，且对亲人存有亲切之心的人。虽然我不敢保证这些人中，一千个人中间一个做坏事的人都没有，但首先用起来安心。"（《论语讲义》）

学而第一·第三章

子曰:"巧言令色,鲜矣仁。"

如同本章中那样,孔子把可称为"仁者"之人视为具体的人,说的是努力的方向,并不是作为一般意义的"仁"。

【仁斋古义】

以仁斋的立场来翻译本章,则为:

〔子安译〕孔子说:喜欢玩弄辞藻,注重外貌,打扮自己的外表,这只不过是虚伪的,而不是仁。

仁斋更进一步解释说:"孔门之教,以仁为学问之宗旨。而平生受用,莫不从事于此。故不言道,不言德。或以仁命之。如此章是也。盖德以仁为主,而仁以诚为本。刚毅木讷,质乎外而实乎内,故曰近。巧言令色,似乎外而伪乎内,故曰鲜。"(《论语古义》)

【朱子集注】

"好其言,善其色,致饰于外,务以说人,则人欲肆而本心之德亡矣。"

【诸桥论语】

从道德层面的语言解释"巧言令色,鲜矣仁"的话,则所谓内在诚实者的人格的表象,应是"刚毅木讷"(子路篇二十七)。仁斋就是持此观念的代表人物。涩泽也呼唤具有此人格表象的青年们:"青年诸君务要更加勤勉,养刚毅之气象,育进取之意志。巧言令色,鲜有诚意之人,不可称为真文明国民。如维新三杰之首之西乡隆盛公,实为深具仁爱,又极富同情心之人也。"(《论语讲义》)

【徂徕征】

若用道德性语言来解释《论语》，则其表达的是内在诚实者的人格表象的话，那么，用政治性的语言来解释"巧言令色，鲜矣仁"又如何呢？荻生徂徕在《论语征》中这样说："学诗以善其言辞，学礼以善其威仪，皆所以养德也。苟不务成德于我，唯言色之美是求，则徒为悦人之归。盖天命我为天子为诸侯，是任天下国家者也；为大夫为士，亦共天职者也。'君子曰德，德成而教尊，教尊而官正，官正而国治，君之谓也。'（《礼记·文王世子》）谓成安民长国家之德。故君子畏天，至严也。'仁以为己任'（泰伯篇七），至重也。其心在安国家，至大也。志于仁者岂遑及言色之末哉？是其所志大故也。不畏天，不任重，其志不在安民，则所务不出于言辞容色之间焉。其所就不过于悦人自私焉。甚者乃至于以乱国家焉。"

徂徕认为"仁"这种德性，属于以安国安民为天职的君主，以及共同背负此天职重任的诸侯与士大夫。心若志于仁，则为了安国安民，就已经无暇他顾。怎么还有空闲顾及言辞之末呢？"其志不在安民，则所务不出于言辞容色之间焉"，是徂徕用政治性言语对孔子这句话所做的绝佳诠释。

子路第十三·第二十七章

子曰："刚、毅、木、讷，近仁。"

【朱子集注】

"木者，质朴。讷者，迟钝。"（程子语）

【仁斋古义】

"为仁在乎立诚。诚立则不敢欺人。故其质刚毅木讷者,虽未至仁,而与色取而行远者异。故曰近仁。盖巧言令色,外似而内实伪;刚毅木讷,外野而内可取。圣人所以辨仁不仁者,于是可见矣。"(《论语古义》)

【徂徕征】

"刚毅之人,多是质朴而拙于言。故曰刚毅木讷。……盖仁在力行,刚毅木讷之人,必能力行,故云尔。"

【子安评释】

我从徂徕解。

雍也第六·第二十二章

樊迟问知。子曰:"务民之义,敬鬼神而远之,可谓知矣。"问仁。曰:"仁者先难而后获,可谓仁矣。"

樊迟是孔子的弟子,比孔子年轻三十六岁。在《论语》中,樊迟是个独具特色的询问者。就像在本章中看到的,他直接向孔子提出了关于"知"及"仁"这类本质性的大概念的问题。"问仁"这样的问题,孔子该如何回答呢?从孔子的回答方式中,我们也可以窥见孔子施教的方式。

【朱子集注】

朱子如此解释道:"专用力于人道之所宜,而不惑于鬼神之不可知,知者之事也。先其事之所难,而后其效之所得,仁者之心也。"接着又补充了一句:"此必因樊迟之失而告之。"孔子是以樊迟的缺点为依据来教导他的。而樊迟的缺点，就是过于接近鬼神之事，总是一边算计着最后的得失，一边工作。

【仁斋古义】

"若夫弃日用当务之事，而用力于渺茫不可知之地者，岂可谓知哉？"仁斋认为，孔子的意思是说，把自己的"知"用在不可知、不可测的对象或领域（例如鬼神或者死后的世界之类）上面的人，不能算是真正的知者。在此，仁斋与孔子一道，试图把"知"自行限定在合理的"知"的范畴之中。仁斋接着在后半段中说："先难而后获，则有为人之实心，而其德不可量也。苟有求其报之心而为之，则虽天下之大勋劳，亦非德也。岂可谓仁哉？"仁斋这样理解这段话：不考虑自己的利益与报酬，单纯为了他人而敢于接受困难的工作，只有这样的人才是有德之人，才配被称为"仁者"。仁斋又说："夫子不泛论仁之德，而必言仁者，盖以仁之为德，难以空言喻。故举仁者之心，而答之也。"

【子安评释】

这里，孔子的有关"仁"的教诲有值得我们思考的重要之处。对樊迟的"问仁"，孔子的回答对"仁"没有做出解释，也就是说，没有对"仁"下定义。他给予樊迟的"先难而后获"的回答是根据提问者的具体情况。樊迟"问仁"是个巨大的概念性的发问，它与孔子"先难而后获"的具体回答之间存在落差。朱子"此必因樊迟之失而告之"的评论就是为了补足这段落差而做的情况说明。通常，注释家则会用建构"仁"的概念的方法来填补。例如程子解释说："先难，克己也。以所难为先，而不计所获，仁也。"（《论语集注》）同样，也利用建构"仁"的概念的方式解释"克己复礼为仁"（颜渊篇一）。然而，这与孔子的教诲恰恰相反吧。孔子并没有用给"仁"下定义的方法回答"问仁"。孔子的教诲始终是具体的。我们必须以此为出发点考虑问题，必须直面这一问题与回答之间的落差，来考虑孔子的教诲究竟是什么，"仁"又究竟是什么，等等。这绝非一种概念式的说教体系，而是导向人的具体行为的一种启发教育。孔子说的其实是，君子的自我改造，只有从这里起步方可完成。而这一自我改造的终极目的，恐怕就是"仁"吧。

子罕第九·第一章

子罕言利与命与仁。①

《子罕篇》之篇名正是由此章而来。《论语》中的不少章均言简意赅，此章即为其中之一。罕，稀少。这章按照上文可以解释为"孔子很少谈论关于利、命与仁的话题"。这种解释有添枝加叶之嫌，意思并不明朗。现代语译法可以参照金谷的版本："先生几乎不谈论利益、命运与仁的话题。"配上"利益"和"命运"这样的词后似乎容易懂了，实际上本章真正的含义仍然令人费解。孔子几乎不谈论利、命、仁，这究竟是什么意思呢？若果真如此，原因又是什么呢？

很少谈论"利"，是可以理解的。孔子忠告樊迟要先考虑义，后考虑利益。然而少谈论"命"与"仁"又是怎么回事呢？孔子说过"五十知天命"（为政篇四）。就连圣人孔子，也要到了五十岁上才能"知天

---

① 子安援引《论语》原文如此，与杨伯峻著《论语译注》（以下简称"杨本"）中的写法相同；而孙宝楠著《论语本解》（以下简称"孙本"）中写为："子罕言利，与命，与仁。"此处作者有意不作句读，以方便后文的解读，故保留其原样。下同。——编者注

命"。因此，的确不能轻易地谈论"命"。那么"仁"呢？孔子不是经常教导"仁"么？不过孔子却几乎从未对"仁"下过定义。他谈论的往往是"仁者"之精神、思想准备以及行为方式。他不曾轻易地谈论"仁"这一至大至重之德行。

谈到这里，我就要试图回答"这是为什么"的问题了。如此简洁的一句话，为何需要那么多的解释？现在我终于初次有一些明白了，恐怕就是因为"利"与"命"与"仁"之间存在的差异吧。"利"终究是个负面的概念，怕不该与"命"与"仁"相提并论才是。因而，在这一点上，"子罕言利与命与仁"的读法就异见迭出了。

徂徕的解读如下："子罕言利。绝句。与命与仁。"（《论语征》）

意思是："盖孔子言利，则必与命俱，必与仁俱。"孔子认为"不知命，无以为君子"，而"仁"又是君子必须努力获得的安民之德行。因此，徂徕认为，孔子只会站在君子的立场上言"利"。这就是徂徕针对上文提出的"为什么"做出的解释。

还有一种解读法，是现代的儒学者钱穆提出的："子罕言利，与命，与仁。"（《论语新解》）

意思是说："先生平日少言利，只赞同命与仁。"这又是一种答案，回答"为什么"会将不相符的"利"与"命"与"仁"的概念并置的问题。

朱子和仁斋则都读为"子，罕言利与命与仁"。

【子安评释】

无论我们怎样解读"子罕言利与命与仁"，它基本上都算是一种后孔子时代的言说。发言者都是一边回想孔子的教诲，一边下的结论。

〔子安译〕"夫子很少谈论'利'。不过不仅仅是'利'，'命'也很少谈及。这么说来,就连那个'仁',夫子也很少谈及。"

我最终还是倾向于将本章读为"子,罕言利与命与仁"。不过尽管如此,也并不代表我是绝对正确的。我的解读法也是依据后世的解释而形成的。在这一点上,我的解读和其他的解读法是相同的。只不过我将"子罕言利与命与仁"这句话视为一种后孔子的解释性言说而已。

第三讲　论"道"

对"道是什么"这个问题，很多学者都用"道就是路"这一自古以来沿用至今的定义来回答。这是试图从语义的角度，用道路的隐喻来回答关于"道"的问题。任何人都可以依循它行走的，就是道路。由此引申出"道"的含义，即具有公共的或者说普遍性特质的"道理""理路"，也即任何人都应以此为依凭的规范。"道"还意味着一种方法，如果人们循此以行，就能够抵达目的地。更进一步说，作为人们倚赖的正确的道理，"道"意味着"正义"及"义理"。从追求者的角度看，就是"真理"。老子称此真理为"道"，是宇宙最究极的根本所在。同理，人所应该依靠的某种重大的东西，也被称作"道"。那么，《论语》中孔子对"道"又说了些什么呢？

里仁第四·第八章

子曰:"朝闻道,夕死可矣。"①

说到孔子之论"道",我们马上可以举此章为例。不过,此章只宣告了"求道"一事的紧迫与重大,却并没有明言"道"究竟为何物。我们必须如此迫切追寻的,甚至可以配得上我们以自己的生命相抵的"道",究竟是什么呢?这是解释者必须要给出的答案。

再者,《论语》的古注并不是从求道的迫切性角度来解释"朝闻道"的,而是将此章解为:"如果能于此世实现早上听说'道'的蕴意,则于夜晚就死去也无妨。"宫崎市定认为这段古注疏与原文相隔甚远,还不如取朱子的新注为宜。他是这样解释的:

夫子说:如果在清晨听到真理并感到满足,则晚上就死去也不觉得遗憾了。(《论语新研究》)

首先来看一下宫崎所依据的朱子的解释:

【朱子集注】

道者,事物当然之理。苟得闻之,则生顺死安,无复遗恨矣。

仓石武四郎用现代语翻译此句为:"如果早上听到了道(万事万物当遵循的道理),(生也心安,死也心安)那就是晚上死去也是合适的。"(《口语译〈论语〉》)②

---

① 子安援引的《论语》原文如此,与杨本写法相同;不同于孙本的"子曰:'朝闻道,夕死可也。'"——编者注
② 仓石武四郎訳:『論語:口語訳·朱子《論語集注》』,筑摩叢書,東京:筑摩書房,1970年。

【仁斋古义】

仁斋将此章理解为表达了人们各自求道（人之道）的紧急性："言人之不可不闻道，其急如此。"

"此为托老衰，或罹微恙，而不肯为学者发。夫道者，人之所以为人之道也。为人而不闻之，则虚生耳。非与鸡犬其伍，则草木与同朽，可不悲哉！苟一旦得闻之，则得所以为人而终。故君子之死曰终，言其不澌灭也。或曰：朝闻夕死，不亦太急乎？曰：不然也。人而不闻道，则虽生而无益。故夫子以朝闻夕死为可者，最示其不可不闻道之甚也。"

【徂徕征】

"孔子自言其求道之心，若是其甚也。"

【子安评释】

《论语》中的这一章一直被理解为讲述了真理的重大性，以及追求真理的紧迫性。在本章中我们看到的那种即便赌上性命亦在所不惜的使命感与迫切感，也唤起了明治维新前后为国事奔波的众志士的共鸣。涩泽荣一这样说："我邦中为尊王攘夷之事而奔走的众人，以及维新时代为国事鞠躬尽瘁的志士们，太半皆信奉自己怀抱的主义，也即'士道'，换言之即本章所讲之'道'。为了将此道付诸实践，即便舍弃一己之性命亦毫不介怀。大家都将'朝闻道，夕死可矣'奉为金科玉律，在各样活动之中将其付诸实践。……于樱田门外刺杀井伊大老的众水户浪人与萨摩浪人有村治左卫门等人也是如此……相信舍命锄奸正为道义之所在。"[①]（《论语讲义》）孔子所言之求道之迫切感，被志士与国士们理解

---

① 指1860年主张攘夷的武士们刺杀主张开国的幕府领袖兼藩主井伊直弼的事件。——译者注

为任性地为主义献身的精神。涩泽则在本章的评释部分结尾处说:"我们必须注意,孔子说这句话,只是要教导我们应当把'道'视为即使用生命去换取也不为过的事物,而不是为了怂恿我们真的这样着手去做。"

暂且不论志士们是以怎样的心情理解这句话的,孔子此言的确是将"道"视为具有与生命同等重要的价值的东西。不论是仁斋所言之"人之所以为人之道",抑或是徂徕所言的"先王之道",追求这些"道"是不是都具备了与"朝闻道,夕死可矣"中的"求道"同等重要的紧迫感呢?值得以生命为代价去追求的"道",在我们这里还存在吗?

现代中国思想史家李泽厚这样解释本章:"闻道并非易事,非尽一生之力以求而不可得。用'真理'译'道',只因'真理'已是今天日常用语,并非必指西方哲学的truth也。中国恐亦无西方那种纯客观的truth。从而'真理'在此主要不作知晓解,而作体验人生意义、宇宙价值解。"(《论语今读》)李泽厚这里所说的"道(真理)",和朱子的"天理"一样,指的是宇宙中终极的本体,是万物之所以为万物之道。这也是老子所言之"道"。这是存在于中国的"道",是日本的"道"中已遗失的概念。下面引《老子》第一章为参考:

【参考】

　　道可道,非常道;名可名,非常名。无名,天地之始;有名,万物之母。(《老子》第一章)

"天地之始",也即作为天地之始源的,于开天辟地以前实际存在着的形而上的根源之真理;道"无名",因为它是用人类的语言无法命名的混沌的本质。天地初开而生万物,形成了形而下的世界。由此,天地因孕生万物而被称为"万物之母",或者说被称为天,或被称为地,由此才开始有"名"的存在。①

里仁第四·第十五章

子曰:"参乎!吾道一以贯之。"曾子曰:"唯。"子出。门人问曰:"何谓也?"曾子曰:"夫子之道,忠恕而已矣。"

本章描述一个传授师弟相承之道的场面。曾子是孔门最有力的继承者之一,从这个角度来看,这或许的确是本章的意义所在。因为作为道之继承者,应该问的是,我们究竟该从哪个角度把握理解孔子之道?曾子是以"忠恕"来继承孔子之道的。

〔子安译〕先生说:"我所谓的'道',有一样东西是贯穿始终的。"曾子回答说:"是的。"先生离开房间之后,门人就问:"这是什么意思呢?"曾子说:"先生所说的道,不过是忠恕二字而已。"

【仁斋古义】

仁斋也经由曾子通过"忠恕"来把握孔子的"道"。那么,"忠恕"又是什么呢?仁斋说:"尽己之谓忠,忖人之谓恕。自竭尽己之心,则于人无物我之隔。能忖度人之心,则痒痾疾痛,举切于我身矣。曾子以为,忠恕足以尽夫子之道也,因为门人述夫子一以贯之之旨如此。""忠"就是对对方尽自己的心力,"恕"则是多为对方着想。"忠恕"就是要彻底地站在对方的立场上考虑问题,尽心力。仁斋所说的"竭尽己之心"和"忖度人之心",都是在阐明对人尽心的态度的彻底

---

① 福永光司:『老子』,東京:朝日新聞社,1978年。

性。与"忠恕"一样，仁斋对"忠信"亦很重视，并将二者视为人类道德的根本。人之"道"并不超出日用人伦之间。救济他人是很重要的。因此，曾子以"忠恕"来阐明夫子"一以贯之"的主旨。

然而，自古以来对本章的理解却与仁斋的不一致。把孔子之"道"视为天道、天理这一宇宙究极的原理的朱子学派，认为曾子说的"夫子之道，忠恕而已"，是在用忠恕这样容易理解的东西，来解释很难解释清楚的哲理之"道"。那么朱子用来解释《论语》的哲学语言是什么样的呢？我们一起来看一下。

【朱子集注】

"夫子之一理浑然而泛应曲当，譬则天地之至诚无息，而万物各得其所也。自此之外，固无余法，而亦无待于推矣。曾子有见于此而难言之，故借学者尽己、推己之目以著明之，欲人之易晓也。盖至诚无息者，道之体也，万殊之所以一本也；万物各得其所者，道之用也，一本之所以万殊也。"

如果按照朱子的逻辑，"吾道一以贯之"说的是道体，也就是"道"之本体（一理及仁）贯通一切之意。多样的德行都是这一"理"的显现，也就是本体的德及仁之实现（一本万殊）。同时，各种各样的德行都由这一理（仁）贯穿（万殊一本）。孔子正是想使曾子领悟这一"道"之真理，而曾子也的确领悟了。然而，这一哲理很难形诸言语。因此，曾子就举了"忠恕"之德行以示门人。所谓"忠恕，违道不远"（《中庸》）。朱子说的是，若从忠恕起步，则也能够达至贯穿夫子之道的真理了吧。

【子安评释】

仁斋对此章的理解，可以说代表了他对整部《论语》的理解。仁斋认为："忠恕二者，乃求仁之至要，而圣学之所成始成终者也。盖忠恕所以一贯之也。"他在此明确断言夫子之道唯忠恕一以贯之。这与朱子的理解之间存在着根本性的对立，因为朱子认为曾子是借用了"忠恕"这一具体浅近的概念来解说"道"而已。仁斋与朱子在本章解读上的对立，并不只是针对这一章而言的，而是围绕着孔子之道与教训最根本意义上的对立。仁斋是站在曾子一边的，他们都认为待人以实之"忠"，与为对方设身处地着想之"恕"，贯穿了孔子之道与教训之始终。人我之间关系的以诚相待，是为忠恕及忠信。而这忠恕及忠信，正是形成"仁道"这一道德世界之根本所在。

涩泽也说："世人若皆能衷心秉持忠恕之精神，也即不绝于'仁'，如此这般践行下去，则世事就能顺利推进，人与人之间亦可平和地生活下去。这就是所谓的'仁者无敌'了。然而世间至今仍不绝纷扰喧噪，正是因为世人都缺乏了忠恕之精神。"接着，涩泽在谈及《讲义》成稿之时大正末年之国际情势的同时，还评论说："今后日美邦交也好，日中邦交也罢，若都能相互秉持忠恕的精神以行，则定可获永远之和平。"（《论语讲义》）

雍也第六·第十七章

子曰："谁能出不由户。何莫由斯道也。"①

〔子安译〕先生说：人们出入都必须经过房门。为什么人们就不循

---

① 子安援引《论语》原文标点如此；杨本与孙本均写为："子曰：'谁能出不由户？何莫由斯道也？'"——编者注

道而行呢。

【仁斋古义】

"道犹大路然。由焉则安,不由则危。遵康庄之平,则自忘其劳;蹈荆棘之艰,则不堪其苦。苟知道如大路,则孰有肯去其安而就其危者哉?"

由此可以清楚地看出,仁斋理解的"道"之概念,就是作为日用人伦之大路之"道"。

公冶长第五·第二十一章

子曰:"宁武子,邦有道则知,邦无道则愚。其知可及也,其愚不可及也。"

宁武子名俞,武是其谥号。他是早于孔子百年的春秋时期卫国的大臣。

〔子安译〕先生说:"宁武子在国家有道的时候做智者,在国家无道的时候当愚者。扮智者我还能赶得上,扮愚者我就学不来了。"

【仁斋古义】

这里说的是宁武子的处世之方,是与君子之道相符合的。即便人们知道在国家有道之时当智者的困难,却不知道在国家无道之时当愚者是难上加难。国家有道之时,上坦然无所隐,下也正直诚实。是其所是,非其所非,无所忌惮。身处这样的时代,诚实地运用智慧即可成事。然而,国家无道之时,上昏下谄,是非颠倒。身处这样的时代,既要做到不枉道媚上,又不贸然进谏以致祸及己身,是非常困难的。因此仁斋才说:"此所以其知可及,而其愚不可及也。"

【朱子集注】

朱子依据《春秋左氏传》中关于宁武子的记载这样解释道:"武子仕卫,当文公、成公之时。文公有道,而武子无事可见,此其知之可及也。成公无道,至于失国,而武子周旋其间,尽心竭力,不避艰险。凡其所处,皆智巧之士所深避而不肯为者,而能卒保其身以济其君,此其愚之不可及也。"

【子安评释】

涩泽荣一对本章的评释如下:"我们日本人的气质,比子贡、子路等人要更拙于韬晦之术,就算是无道之世,也会像宁武子那样,无法一味地和光同尘;天下越无道,我们必然越要奋起,警醒世道人心。这或许是由于中国人与日本人气质上的差异所致吧。中国毕竟是大陆,地大物博,易于沉郁。过去有'大功无名'之语,与其做些表面工夫,不如隐然而动,以成大功为佳。"

李泽厚则认为:"孔子固然有'知其不可而为之'(宪问篇四十)的积极进取、坚持不懈的一面;同时又屡有洁身自好、保身全生的一面,如'乘桴浮于海'(公冶长篇七),'舍之则藏'(述而篇十一),'若邦无道,可卷而怀之'(卫灵公篇七),等等。后者显然与道家相通。……儒家与道家的结合有两个方面。一是儒家与老子和道法家的互相利用、补充、渗透、交融,终于形成历代的'阳儒阴法'的政治性权术。另一是儒家与庄子以至佛家的互补而造就个体人格的完成。'儒道互补'之事在中国古代文化史上人物思想的定型上起到了极为重要的作用。"(《论语今读》)这对于我们这些倾向于用儒家的立场对《论语》做单纯化解读的日本人而言,是非常珍贵的意见。

第四讲 论"信"

孔子说："民无信不立。"人民没有"信"的话就无法生存下去。为什么人民不能没有"信"呢？"信"究竟是什么？孔子又说："知我者，天乎？"由此可知，孔子最终还是将一己之"信"寄托于"天"。这种"信"是"信仰"吗？"信"应该如何理解呢？首先我们看看辞典上是如何解释"信"的含义的。

《汉和大辞典》是从"信"字的形成出发来解释的："信"字首先是个会意字。所谓会意字，就是指把两个独立的字及其含义结合起来形成的新字，而"信"字就是"人"字加"言"字。了解"信"字的组成很重要，因为这里提供了重新理解"信"字含义的重要契机。那么"信"字是"人"加"言"又说明了什么呢？诸桥辙次的《汉和大辞典》这样解释"信"字的构成："人言乃是发乎人心的表白，是无伪的。因此信的意思是诚实，延伸下去即信用之意。故《说文》训'信'为'诚'。"

首先，人的语言是诚实无伪的；因此，人的语言是值得信赖的，即可以相信的。这就是"信"字的由来。辞典说人的语言是信实的理由，在于"人言乃是发乎人心的表白"。不过这应该是后世的说明，也就是在外部的伪饰与内部的诚实这种内外区别的意识产生后的说明。我的理解是,起初,人的语言是值得信赖的,也就是可"信"之实在之物。以人之"言"的实在性为依据,产生了对他人的"信赖"这一态度,并由此进一步构成了"信"字及其意义。

话说回来,为什么起初人的语言是实在的呢?这一追问引发了各式各样关于"原初"的解释。白川静的语源学研究就是其中之一,它构想了一个以咒术作为汉字起源的原始的宗教世界。白川氏如此解释"信"字:"会意字,人加言。言即誓言,是向神灵起誓的语言。《说文》解为'诚'。《春秋穀梁传·僖公二十二年》中,有'言而不信,何以为言'句,因为是誓约之言,因此也就有了信诚之意。"(《字通》)白川认为,所谓"言"是指向神灵起誓时用的语言,或者指相互缔结的誓约、誓盟。这是一种把人类重要语言的发生视为与神灵的语言相关的看法。日本也有类似的思想。平田笃胤就把向神祈祷时所使用的语言——即祝词——视为日本语重要的初始形态。我以为,把事物的原初形态视为宗教性初始的话,是一种针对"起源"的现代的民族学、宗教学的解释。对此,我们只能认为是"很有可能的"而已。重要的是"信"这个字,不断提醒人们记住人之语言是实在之物,是信赖之依据这一事实。"信"这个字,从它产生开始,就不断向后人明示着,"相信"作为人的一种态度究竟是从何而来。在确认了上述事实之后,让我们一起来看看《论语》中的"信"。

为政第二·第二十二章

子曰:"人而无信,不知其可也。大车无輗,小车无軏,其何以行之哉。"

〔子安译〕人一旦失去了信,就无法生存下去。这就和牛车或者马车没有了辕,就无法前进,是一个道理。

以信赖性为基础建立起来的人与人之间的关系,就是"信"。"信"字的原意,说明了这种信赖(相信)的依据的最大因素在于人的语言之中。然而,儒家思想的发展,使这一信赖关系的依据,逐渐变成了"诚实"的心之态度。最终"信"字被训读成了"诚"(实,まこと)。这是在孔子之后,尤其是《中庸》之后的儒家思想发展过程中形成的。程明道给"信"下了定义,就是对人以诚实相待。("尽己之谓忠,以实之谓信。")这一定义为众多的儒家思想家所继承。仁斋也视"信"(诚实)是人道之根本。他也是从这个定义出发解释本章的。

【仁斋古义】

> 信者人道之本。人而无信,则不可以一日立于天地之间。犹大车之无輗,小车之无軏,不可以行也。君不君,臣不臣,父不父,子不子,一皆由此。

对人以实,就是要对人诚实无欺。仁斋认为此"信"为"人道之本"。人类世界由此"信"而成,若无此"信",则人的世界就无法成立。更进一步说,如果失去了"信",则"君不君,臣不臣,父不父,子不子"。仁斋其实是在用"信"或"忠信"来解释《中庸》中"诚者物之终始,不诚无物"的"诚"。仁斋在《语孟字义》[①]中这样说:"忠信,学之根本,成始成终皆在于此。何者?学问以诚为本。不诚无物。

---

① 伊藤仁斋:《語孟字義》卷二(《忠信》章),宝永二年(1705)版。

苟无忠信，虽中礼文（有适切的礼仪与文章），中仪刑（有完美的制度与法式），皆伪貌饰情（外在的装饰物），适足以滋奸添邪。"

由此我们可以看到，待人以"实"这一"信"（诚实）的概念，是如何在终极的伦理学意义上得到阐释的。仁斋认为，人类世界能够作为真实的东西得以成立的，就是"信"（诚实）。然而此时的"信"，已经丧失其推动人的力量，不再是以前那个与人的行动力合为一体的"信"了。孔子说"人而无信，不知其可也"之时的"信"，指的是诚实之"信"么？孔子所说的，难道不是像推动车辆前进那样，能够推动人生存下去的原初"信"之力量么？孔子相信周公，他还经常会梦见周公。仁斋也相信孔子。推动仁斋理解孔子之原意（古义）的推动力，不就是他对孔子的"信"么？或许仁斋说的就是这种"信"吧。

【朱子集注】

朱子说："车无此二者，则不可以行。人而无信，亦犹是也。"朱子认为，"信"是内心之道德性，欠缺了它，人就不成其为人。徂徕则用人之言为信赖之依据这一"信"的原义来解释《论语》，下面是他的解读与我的释读：

【徂徕征】

"輗軏在车与马牛相接之际，信亦在我与人相接之际。故引以为喻。车之行，马牛之力也；道之行，人之力也。岂不切乎？言而无信，则人不信我；人不信我，则我言安能行哉？事之行亦然，道之行亦然，教之道亦然。七十子深信孔子，故孔子之教，行于七十子，不俟多言。孟子则欲使不信我之人由我言而信我，故徒详其言，以欲人人之能晓，是讼之道也。徒聒之耳。"

【子安评释】

孔子的话若没有"信"（信赖性），那么弟子就无法将其教诲付诸行动。相信孔子就是完全地依据他的语言的信实吧。徂徕的解释告诉了我们有关"信"的重要的信息。

颜渊第十二·第七章

子贡问政。子曰："足食，足兵，民信之矣。"子贡曰："必不得已而去，于斯三者何先？"曰："去兵。"子贡曰："必不得已而去，于斯二者何先？"曰："去食。自古皆有死，民无信不立。"

"民信之矣"句，朱子的读法是"民信之"，也读作"使民信之"。这里依照仁斋的读法作"民以之为信"。

【仁斋古义】

民有恒产，则非心不生。武备克修，则民心不摇。教民以信，则国本固矣。

言兵者保国之要，不可去。然食足而信孚，则无兵而可守。故兵可去，而食与信不可去也。

言食者，人之天。无食则死，然死者人之所必有，无信则人道不立。故食可去，而信不可去也。

《论语》中的语言都具有很强的修辞性。首先，举出安定天下之统治不可或缺的三要素：食粮、军备及民之"信"。或被问及三项中还有可以舍弃的吗？最终被选择留下的是民之"信"。因此，本章其实就是为了强调最后一句话"民无信不立"而进行的一种修辞。如果没有看出这一点，而单纯按照三段式去解读的话，那么此章就未免有文理不通之嫌了。上述所见的仁斋的解读也未能避开这一缺憾。虽然说"无食则死，然死者人之所必有，无信则人道不立。故食可去，而信不可去也"，但是人真的能接受放弃食物来确立人道么？朱子的解读也与之相通。

【朱子集注】

> 民无食必死，然死者人之所必不免。无信则虽生而无以自立，不若死之为安。故宁死而不失信于民，使民亦宁死而不失信于我也。

这段话有些含混不清，要弄懂它必须接着读下面的按文："以民德而言，则信本人之所固有，非兵食所得而先也。是以为政者，当身率其民而以死守之，不以危急而可弃也。"在这里，为政者必须不惜冒死守护的，就是民众中作为人所固有的德及信。由此可以看到：朱子关于人之本性上彻底的道德主义观念的令人赞叹之处。从朱子的立场出发，《论语》这一章可以翻译如下：

〔仓石译〕子贡请教为政的问题。先生说："为政，就是要充分储备粮食，整顿军备，并且让人民有信心（通过行教化而让人民对政治家产生信赖感）吧。"子贡说："如果出于无奈必须舍弃其中的一样，那么，先割舍哪一样呢？""舍弃军备。"（只要有粮食和信心，就算没有军备也能守卫国家。）子贡又问："如果出于无奈还必须舍弃一样的话，余下的二者间又能先舍弃哪一样？""舍弃粮食。自古以来谁无一死，但是如果人民失去了信心，日子就过不下去了。"（仓石武四郎：《口语译〈论语〉》）

徂徕是在上与下、治理者与被治理者之间的政治关系中理解"信"的。因此他将"民无信不立"作为执政者需要面对的问题来解读。

【徂徕征】

　　民无信不立者，上无信则民不立也。为民之父母，仁也。上仁而民信之。是信之在民。故曰民无信不立。其实信者上之所为也。孔安国曰：治邦不可失信。得之矣。不立者，民心动摇，无所措其身也。

　　最后徂徕还略带嘲讽地批判了朱子与仁斋的观点说："朱子曰：以民德而言，则信本人之所固有。是不得其解而动为五常之说，经生哉！仁斋曰：教民以信。讲师哉！"

【子安评释】

　　若像朱子或仁斋那样从道德主义的角度理解"民无信不立"的话，那么，人民就算没有粮食，也必须固守信实，这是一种完全没有说服力的答案。而一贯祈愿民生安定的孔子，更是不可能说出这样的话。民之"信"，就是统治者说话是值得信赖的，否则，当统治者说的话失去了信赖的时候，就等于民失去可"信"赖的了——那么，人民也就无法继续在这个国家生存下去了。所谓"信"就是相信人之言是实在之物。

　　我对"民无信不立"的理解是：人民一旦失去了对统治者的信任的话，人民也就无法继续在这样的国家里生存下去了。

泰伯第八·第十六章

　　子曰："狂而不直，侗而不愿，悾悾而不信，吾不知之矣！"

【仁斋古义】

　　"狂者，意高而无检束之谓。"侗，依朱子注，解为"无知貌"。悾悾，"无能貌"。"意高者不事矜饰，宜直矣。无知者有所畏惮，宜愿矣。无能者不解作为，宜信矣。而今皆不然，则是弃才也。虽圣人不知所以教之，人其可不知所耻哉？"

孔子的意思大概是说，"狂""侗"及"悾悾"虽然各自都有消极的一面，但亦不失为一种才能，然而一旦它们失去了作为才能具备的优势，那么即便被舍弃也不足惜了。如果这样理解的话，则朱子把"侗"仅仅理解为无知，"悾悾"视作无能，就解释不通了。徂徕是这样解读的：

【徂徕征】

狂者有大志而不拘常度。若多诈则一妄男子，不可得而教之矣。童蒙无知，而不谨愿；鄙野无文，而不信师。皆不可得而教之矣。

【吉川论语】

虽然有澎湃的热情，却不够正直；虽然有赤子的情怀，却不够踏实；虽然质实朴讷，却没有责任感。对于这样的人，我不知该怎么办了。

〔子安译〕狂傲且有大志，却不够正直；虽然有孩子般的天真烂漫，却不能勤勉努力；虽然愚钝正直，却没有信靠之心。我拿这样的人没有办法。

阳货第十七·第八章

子曰："由也！女闻六言六蔽矣乎？"对曰："未也。""居！吾语女。好仁不好学，其蔽也愚；好知不好学，其蔽也荡；好信不好学，其蔽也贼；好直不好学，其蔽也绞；好勇不好学，其蔽也乱；好刚不好学，其蔽也狂。"

所谓"六言",指的就是仁、知、信、直、勇、刚等六种德目。对此,我们来看看涩泽所做的非常细致的翻译吧。译文如下:

【涩泽论语】
　　好仁爱人者,若不好学,则其弊在于愚,以至于上当受骗,是非不分;好知博识者,若不好学,则其弊在于荡,无立足之地,好高骛远,以至于忘却了脚踏实地的践行;好信且勤于履行者,若不好学,则其弊在于贼,固执于个人小信,以至于不顾伤害他人的利益;好正直且言无不尽者,若不好学,则其弊在于绞,是非不明,好讥讽他人之非,以至于表现自我的正直("绞",则意为急切,与"绞刑"之"绞"同义,将绳缠绕于项颈,猛一拉以此杀人,是谓绞也,直者责备他人时,其急切更胜一筹);好勇而勇往直前,赴汤蹈火者,若不好学,则其弊在于乱,以至于逆天暴物;好刚而坚韧不拔者,若不好学,则其弊在于狂,以至于放荡不羁。

【子安评释】
　　所谓"信",原意为"相信""信赖",因为相信别人本身是有实在的根据。为此,"信"则引申为"人的诚实"之意。仁斋认为,以实在的东西为基础建立起来的人与人之间的信赖关系,是世界形成的前提条件。孔子也认为,没有"信",人就无法生存下去,世界也不能存立和发展。"信"是我们在这个世界上生存下去的动力。如果"信"垮塌了,那么我们也就失去了生存下去的力量。这是可怕的噩梦。相信与信赖,是我们能够依靠的东西。这个世界得以成立的前提条件,使我们能够依靠他人。因此我们自身的存立,也建立在终极的依靠(信)之上。而这种支持我们存立的终极依靠——"信",也可以被称为"信仰"。我认为这是支撑着我们所有人的存在的终极依靠。而自觉到这一点的人，就是所谓的"有信仰者"。我认为孔子所理解的这种终极的依靠（信），就是对"天"的信仰。

第五讲 论『天』

橘朴（1881—1945）是一个一生与中国结缘的人。他从昭和（1925—1989）战前开始直至战中，都以"中国通"的言论人身份而广为人知。同时，他还是一位中国思想与社会的研究者。根据他的独特理解，中国思想大致上可以用孔子思想与老子思想之间的对立和拮抗来把握，而中国民众的思考方式则基本上属于老子式。他在其主要著作《支那思想研究》（日本评论社，1936年）一书中指出："直到两千数百年后的今天，多数中国人还是只存着和老子相同的想法而已。"与此相关的是把中国社会分为官僚的政治与民众的生活全然相乖离的观点。"在中国，政治与民众之间距离悬殊，两者之间连兔毛般细微的有机关联都不存在。……政治对民众而言，是完全无用之事业。"（同上书，第一章"关于中国思想的一般考察"）橘朴把这一政治与民众之间的拮抗，从儒教与道教之间对立的角度加以把握。"总的来说，儒教是立足于统治者利益的教义，道教恰恰与之相反，它代表了被统治者的思想及情感。"因此橘朴认为，"天命说"正是从统治者立场出发的儒教教义之核心所在。

"天，即所谓上帝，是唯一的神。天从人类之中选中一人，命其牧养众民，即普天之下，只可得一人为天子。而天子的权力，正是以此天命为依据。……孔子尽管出生于周代世乱之后，他固守着传统天命说的方式，至死仍热望周室复兴。然而，在儒家传统之中，对古代天命说之信仰，也仅止于儒家第一代孔子而已。"

橘朴说：孔子所信仰的古代之天命说，经历周代末期群雄割据的纷乱时世，早已丧失权威。取而代之的，是《中庸》为代表的新天命观，认为"在所有人中把天命解放出来，这就是道德之渊源"。在这些围绕着儒家思想之主轴的天命观的言说之上，橘朴进一步指出："孔子也好，子思以及孟子也罢，他们自己未必是有意识地拥护统治阶级。只不过他们尊重传统的天子地位以及作为天子之事业的政治，并相信除了尊奉天意，在人类社会中实现其意志之外，别无他法而已。"橘朴的说法值得注意的是，他认为儒家的天命观的根基中存在着对天的信仰，此"天"，"即所谓上帝，是唯一的神"。这一观点引发了许多重要的宗教方面的问题，例如：支配天下与唯一神信仰的关系，或与民众层面上的多神教信仰世界之间的关系等问题。橘朴更进一步把老子定位在以天命观为基础的孔子的对立面，并且说："与此相反，老子否认一切神抑或上帝之类的存在，认为只要让人类按照其本性生存，这对他们而言就是头等的幸福。不仅仅老子一个人如此深信，两千数百年后的今天，大多数中国人还保持与老子相同的想法。"

橘朴认为：否认神或天之类的存在的老子思想是属于中国民众的。中国民众的世界是道教的世界。这是经历了漫长的历史积淀而形成的中国社会的特质。让我们以橘朴的观点，也就是将中国思想归结为孔子与老子，或者儒教与道教的对立这一观点为背景，一起来思考《论语》中反映的孔子对"天"的理解。在上次的讲义中，我提到过，孔子人格中最深层的信仰,就是对"天"的信仰。

颜渊第十二·第五章

司马牛忧曰:"人皆有兄弟,我独亡。"子夏曰:"商闻之矣:死生有命,富贵在天。君子敬而无失,与人恭而有礼,四海之内皆兄弟也。君子何患乎无兄弟也?"

司马牛为孔子弟子之一。据传他是在旅途中试图刺杀孔子的宋国人桓魋的弟弟。朱熹接受了这一说法,将司马牛"人皆有兄弟,我独亡"这句话,解读成"牛有兄弟而云然者,忧其为乱而将死也"(《论语集注》)。

【仁斋古义】

仁斋根据本章内容推断,司马牛为桓魋之弟的说法有误。孟子的天命观是:"莫之为而为者天也,莫之致而至者命也。"(《孟子·万章上》)仁斋据此解释前半段,道:"言死生存亡,富贵利达,皆天之所为,命之所至,非人力之所能迁,何为妄忧。"至于后半段,则解为:"君子敬其事而无失,接人恭而有礼,则人必亲我。天下之人,皆吾兄弟也。何以无兄弟为患?"

关于"天命",仁斋则说:"天命不可不顺受,人事不可不自尽。故知命者,自尽其在己者,而无有一毫期望之心,又无有一毫怨悔之意。若子夏之言,可谓达天知命矣。"

〔子安译〕(以仁斋之见解为依据)司马牛感叹说,别人都有兄弟,只有我孑然一身。子夏听了之后告诉他:"我听先生说,'死生有命,富贵在天'。身为君子，只要行事谨慎，待人恭敬有礼，那么人们必会以亲近我们为回报。为何担忧没有兄弟呢？"

【诸桥论语】

诸桥接受司马牛之兄是桓魋这一说法，他论述如下："司马牛为了兄长桓魋而伤心痛苦。因此有时他会倾诉心中的郁闷，抱怨说世上之人皆有行事堂皇的兄弟，唯独我一人于此世上没有配得起兄弟称呼的人。他叹息说，尽管自己有兄弟，但却被迫过着比没有兄弟还要痛苦、寂寞的生活。听到此言，同门手足子夏诚挚地宽慰司马牛说：我听先生说过'死生有命，富贵在天'这样的话。"（这是子夏在忠告黯然沉郁的司马牛说，即便亲哥哥桓魋被杀，或者因行恶事而罹祸，乃至司马牛受到牵连遭遇不幸，这也都是命运的安排，应当安然地接受。）

【涩泽论语】

来看看涩泽的天命观又如何："虽说死生有命，但这并不意味着要任凭一切事情顺其自然。而是每个人尽到自己应尽的本分，剩余的交付天命决定。也就是说，越是尽心尽力、勤勉努力，就越会得到世人的尊敬。若是不尽世事之本分，无所作为，尸位素餐，骄奢淫逸，则会失去世人的信赖。如同前者那样，十分尽力，即便最后事与愿违，壮志未酬，则可以说这是天命、天运；但若如后者那般，只能算自作自受，与天命无关。"

【子安评释】

"生死"和"富贵"均为人事，均为人必须面对的事情。通常人们认为："生死"的特点是人为无法控制的天之指令（命令），或者说是上天所定的命运，而与之相对的"富贵"则是人为的结果。但孔子却将"富贵"与"生死"一同视为天赐的终极之物。"死生有命，富贵在天"这句话,与人的生存方式密切相关。从这句话中引申出怎样的人生态度,则与人们如何解读这句话相关联。仁斋的解读引申出的人生态度是:"故知命者,自尽其在己者,而无有一毫期望之心,又无有一毫怨悔之意。"孔子心目中的"天",拥有的是这样一种超越者的性格,即当人们面对它时,其人生态度会受到影响而发生改变。

为政第二·第四章

子曰:"吾十有五而志于学,(中略)五十而知天命,(下略)"

孔子一句"五十而知天命",让《论语》解释者颇费思量,由此产生了各种各样的"天命观"。此间没有谁对谁错之分,有的只是读者各自由不同的解读入手,一定会导出属于自己的天命观。

【仁斋古义】

天者,莫之为而为。命者,莫之致而至。皆非人力之所能及。唯善可以获乎天,唯德可以膺乎命。知此则务于自修,而不萌一毫希望之心。此智致其精,而学到至处也。

天道福善祸殃,是谓天有必然之理。祸福无不自求之,是谓人有自取之道。智者信之,昏者疑焉。(《论语·子罕篇第九》第五章"子畏于匡"论注)

仁斋认为,如若人事已尽,则人生可见的诸种结果就应被视为天命,而加以顺从与接受。不但如此,仁斋还指出天道"福善祸殃"这一必然之理。与天道这一必然之理相对应的,是人的"自取之道"。由此才引发出"唯善可以获乎天,唯德可以膺乎命"之语。这是以要求道德实践为基本理念的天命观。

【朱子集注】

> 天命,即天道之流行而赋于物者,乃事物所以当然之故也。知此则知极其精,而不惑又不足言矣。

朱子以宇宙论的方式理解天命。天地之间,以人为首的诸种事物及诸种事象,都具有各自存在的必然性,而这种由天赋予的道理(本性)而存在的、属于自己的存在方式,则被解释为"天命"。所谓"知天命",则是了解宇宙之究极的道理,即是自己存在之根底所在这一道理。懂得了这一点,就不会再有疑惑。所谓"知命"则是达到宇宙之哲理。

【徂徕征】

"然五十始衰。"(《王制》)故自此之后,不可复有所营为。故五十而爵不至,有以知天命也。孔子又曰:"知我者其天乎?"(宪问篇三十五)知天之命,我以传先王之道于后也。

徂徕说五十岁是人生路程上的转折期,不仅身体上初次有了衰老的感觉,也大约能够知道自己有没有出人头地的可能。到了这个时期,人务必要重新了解自己被赋予的使命究竟是什么。徂徕解释说,孔子直到五十岁,才了解上天赋予自己的使命,是把先王之道传诸后世。所谓"知天命",就是了解上天赋予自己的使命。对此使命的自觉,就是"天命观"。

【涩泽论语】

"读至'知天命'处,自忖非德似余者,不敢高言何岁方可知天命所归。就余一身之出处进退而言,自明治元年以来有一贯之精神。……虽有进言邀余为大藏大臣者,亦有强请余为东京市长者,尽皆拒绝之,以矢初志。若此亦可为知天命，则或可如此亦未可知。"涩泽的"知命"，指的是贯穿了自己出处进退的一种终极的人生态度。

【李泽厚论语】

所谓知天命，恰似人到五十，回顾这偶然的一生所经历的过程，明确地认识到自己不仅具有有限性的一面，同时还具有可能性的一面。不再是青少年时代"独上层楼，望断天涯路"的前景茫茫，也不再是"天下事舍我其谁"那种不自量力的空洞抱负了。

"天命""命""立命""正命"，孔、孟屡屡言及，如何解说，恐非易事。其中有多种含义。"莫之致而至者，命也"，即非人力所能主宰。但王船山说："俗谚有云，一饮一啄莫非前定，凡举琐屑固然之事而皆言命，且以未死之生，未富贵之贫贱统付之命，必尽废人为而以人之可致者为莫之致，不亦舛乎？故士之贫贱，天无所夺；人之不死，国之不亡，天无所予，乃当致人力之地，不可归之于天。"（《读四书大全说》）这近乎荀子了。但的确包括孔孟在内的儒学共同精神，即人生活在无可估量的偶然性中，却决不失其主宰。这才叫"知天命"（《论语》），"夭寿不二，修身以俟之，所以立命""知命者不立乎岩墙之下；尽其道而死者，正命也"（《孟子·尽心上》），这种"立命""知命""正命"都指人对自己命运的决定权和主宰性，而绝非听命、任命、宿命，这也才是"知命"。从而，"知天命""畏天命"便不解释为外在的律令或主宰，而可理解为谨慎敬畏地承担起一切外在的律令或主宰，谨慎敬畏地承担起一切外在的偶然，"不怨天不尤人"。在经历各种艰难险阻的生活行程中，建立起自己不失其主宰的必然；亦即认同一己的有限，却以此有限来抗阻，来承担，来建立。这也就是"立命""正命"和"知天命"。①

【子安评释】

按我的想法,"知天命"意味着在那个时代的五十岁(在现在的高龄社会大约相当于六十岁)这样一个成熟的年龄段,对自己的生命产生自觉的状态。意识到自己只是这样的,或者只能这样,并将之作为自己生命的使命顺从地接受。这个意义上的"知天命",或许不前不后,正好在五十岁(或者六十岁)这一时期会产生吧。

先进第十一·第九章

颜渊死。子曰:"噫!天丧予!天丧予!"

颜渊,名回,字子渊,是孔子最信赖且对其未来瞩望最甚的弟子。他比孔子年轻三十岁。(《孔子家语》《史记》)《孔子家语》说颜渊"三十二早死",不确定。但是,颜渊之死令孔子深为叹惋,这一确切的沉重的事实在《论语》中有记载。"只有颜渊是孔子最为信赖的弟子。孔子叹息颜渊的死,并不只是他本人的肉体与精神的丧失,更是孔子自身的丧失与破灭。"(吉川幸次郎:《论语》,朝日文库)

【仁斋古义】

此悼颜子之死,而叹学之将绝。

【涩泽论语】

孔子年六十八时,已断念于政治,我之道虽我之一代不得行,

---

① 译文援引自李泽厚:《论语今读》,合肥:安徽文艺出版社,1998年。——译者注

欲二代三代可得而行。欲达此预期目的，则终身以教学自任。此时门下有颜渊出，睿哲、文敏、仁敬日进。然壮年（三十二岁）早逝。夫子身后之托独在颜子。然今颜子先死，则孔子之愿已。故云天丧予。

【子安评释】

仁斋与涩泽都致力于探寻孔子感叹的理由（学之断绝），却置向天倾诉、向天哀叹的孔子于不顾。"天丧予"是孔子向天发出的终极的挫折的感叹。在"天丧予"的反面，是"知我者其天乎"（宪问篇三十五）。后一句话表达的是孔子对天的终极信仰。正是因为对天的信仰是孔子的终极立场，他这充满挫折感的哀叹就成为遭天遗弃者的哀叹。孔子拥有的是对天之"信"。"信"就是信赖。"信"就是在此人心底最深处存在着的最终极的信赖之依据。正是因为孔子的出发点是对天之信，这一挫折就成为对遭天之遗弃的慨叹。感叹"天丧予"的孔子，为颜渊之死放声恸哭。

先进第十一·第十章

颜渊死。子哭之恸。从者曰："子恸矣。"曰："有恸乎？非夫人之为恸而谁为？"

【仁斋古义】

言其死之可惜，哭之宜恸。非他人之比也。宜哀而哀，宜乐而乐，皆人情之所不能已。而虽圣人，无以异于人。故人情者，圣人之所不废也。苟中其节，则为天下之达道。不中其节，则为一人之私情。求之人情，而所不安者，圣人不为也。故灭情与纵情，其为罪也均矣。《大学》书曰：心不在焉，视而不见，听而不闻，食而不知其味。宋儒縤此，遂以圣人之心，为静虚，为无欲，为明镜止水。……若以《大学》视之，则夫子哭颜子，不自觉其恸，不免为心不在焉。故予尝以《大学》为非孔氏之遗书者。为此也。(《论语古义·论注》)

"宜哀而哀，宜乐而乐，皆人情之所不能已"，从仁斋这句话中，我们可以看到近世人情观的成立。仁斋的意思是，圣人之道与人情终究是一致的。仁斋认为，"无欲"或者"明镜止水"之类的与人情相悖的说法，都不是基于孔子立场的说法。上文中引用的"心不在焉，视而不见，听而不闻，食而不知其味"等出自《大学》第三章。金谷是这样翻译的："心若非处于正常的平静状态的话，无论看什么东西都看不进去，听任何东西都听不清楚，吃任何东西都品不出滋味。"(《大学·中庸》，岩波文库）朱子等宋儒，由此认为圣人之心，亦即不曾为外物所动的心之本来状态，是静虚、无欲、明镜止水。仁斋认为，如果从宋儒的立场出发，孔子在颜回死时失声恸哭，导致其忘我之状的理由，岂非是失去了本心所致么？正是因为《大学》使人们对人心的理解发生了偏差，仁斋才批评说：它并非"孔氏之遗书（正确传达孔子之言之书）"，而是后世之伪书。(《语孟字义·大学非孔氏遗书辨》)

宪问第十四·第三十五章

子曰："莫我知也夫！"子贡曰："何为其莫知子也？"子曰："不怨天，不尤人，下学而上达，知我者天乎？"

〔吉川译〕孔子说:"没有人理解我。"听到此话的子贡说:"为什么您这样说呢?不是所有的人都认识您吗?"孔子说:"我此生不遇,大概是天意吧,然而我不抱怨天;也有可能是因为同时代的人的罪过,但是我也不想指责别人。我想追求的,不过是从低处起步开始求学,逐渐到达更高的地方。能够理解我这种态度的,大概只有上天了吧?"

"知我者天乎"在这句话中,蕴含了孔子的境界。

【仁斋古义】

关于这一点,仁斋说:"何谓天知之乎?曰:天无心,以人心为心。直则悦,诚则信,理到之言,人不能不服。此天下之公是,而人心之所同然,以此自乐,故曰:知我者其天乎。斯理也,磨而不磷,摧而不毁。虽不赫著于当时,然千载之下,必有识之者矣。此圣人之所以自恃而怃然乐,以终其身也。"

【徂徕征】

徂徕认为,"莫知我也夫",乃是"谓世主无知孔子者也"之意。"不怨天,不尤人,下学而上达"则是"孔子自道也"。再有,"下学而上达",是"谓学先王之诗书礼乐而达于先王之心也"。因此,上天才赋予孔子将先王之道传于后世的使命,而不"使行道于当世"。徂徕说:这是天之知孔子也。这也是刚才徂徕所说的对"知命"的理解。也就是说,正是有了前章中将"知命"理解为对上天赋予自己使命的了解这一观点,才有了对本章的解读。在此基础上,徂徕针对本章仁斋的解释进行了激烈的批判。

徂徕的批判针对的是上面引用的仁斋《论语古义》"论注"中的一段话。"天无心,以人心为心。直则悦,诚则信,理到之言,人不能不服。此天下之公是。而人心之所同然,以此自乐。……自恃而怃然乐,以终其身也。"徂徕批评道："且徒以公是以理到之言而论孔子之心，可谓陋已；且其不贵鬼神，故亦昧乎孔子称天之意。孰谓仁斋先生非理学乎？"徂徕说，仁斋最终还是没有领会孔子"知天"的真意。

在此，我们感觉到，虽然同称古学，仁斋之"学"与徂徕之"学"之间存在着一些隔阂。所谓隔阂，实际上是一个超越性的"天"的问题。对仁斋而言，存在着作为道德理念的"天"，不存在能搁置自我最终极的依据（信）的"天"，因此仁斋没有从《论语》中孔子的话中读出这样一种面向信仰而存在的"天"。而徂徕却看见超越了孔子所崇奉的先王之道的终极之"天"，因此他说出了"先王奉天行道"。

八佾第三·第十三章

王孙贾问曰："'与其媚于奥，宁媚于灶'，何谓也？"子曰："不然。获罪于天，无所祷也。"

〔诸桥译〕卫国大夫王孙贾问道："俗谚有云，'奉承家中内室之神，不如奉承炉灶之神'。这是什么意思呢？"（这其实蕴含着奉承君主不如奉承权臣的寓意。）对此孔子回答说："这是不对的。若做出献媚、讨好等非道德的事情的话，会受罚于天神，那么就算你再怎么向内室之神或炉灶之神祈求祷告，都是没有用的。"

"获罪于天，无所祷也"，是说一旦上天认定你有罪，那么你无论向谁求救，或者向什么东西祷告，都是无济于事的。这句话，和前面的"天丧予"及"知我者其天乎"相同，都说明孔子相信作为终极意义的"天"的存在。解释者们又是如何把握这一"天"的呢？

【朱子集注】

天，即理也；其尊无对，非奥灶之可比也。逆理，则获罪于天矣，岂媚于奥灶所能祷而免乎？言但当顺理，非特不当媚灶，亦不可媚于奥也。

【仁斋古义】

天之道，直而已矣。夫火上而水下，鸟飞而鱼潜，草木植而华实时。善者天下以为善，恶者天下以为恶。斯之谓直。天地之间，浑浑沦沦，靡非斯道。其欲以邪枉之道，立于天地之间者，犹投冰雪于汤火之中，有迟有速，必受其谴责。虽鬼神不能为之福，故曰：获罪于天，无所祷也。《诗》云：永言配命，自求多福。

【徂徕征】

"天道福善祸淫。"（《书经·汤诰》）故曰："获罪于天，无所祷也。"朱子乃曰：天即理也。仁斋先生曰："天之道，直而已矣。"其论非不美矣，然皆以己心言之，以知天自负，岂不倨乎？

徂徕在朱子的"天即理也"和仁斋的"天之道，直而已矣"之中，看到了用一己之意限定"天"的人智之倨傲。徂徕批判说：所谓"天"是超越人知的存在，而这些人不懂得对孔子而言，天正是这种超越的"天"。

【涩泽论语】

最后再看看涩泽从本章书中读出了近代日本的天谴论："即便再如何努力逃避，天罚也是避免不了的。犹如大正十二年九月一日关东（也即东京与横滨）大地震，仅东京一地便有四十五万户遭焚毁，一百三十多万人流离失所，二十万人葬身瓦砾之下或火海之中。实为悲惨之至。这不可不视为天谴。只因我邦自明治维新以来，进步神速，日新月异，明治二十七八年日清之战，三十七八年的日露之战（即日俄战争）皆获全胜；近来欧洲大战，不但无罹战祸，反而坐收渔翁之利。国中人人骄狂，意气风发，而奢侈之风亦随之日长，以致一席宴饮便抛掷百金，物价高腾，凌驾他国。长此以往，国家必不免衰颓之日。不触发天谴亦不可得矣。"

第六讲 论"德"

"德"为何意,本应是最先向《论语》与孔子讨教的问题。然而我却将它推迟处理,原因是我心里没有这种要求,要把"德"作为一个切实的问题来考量。在现代,"德"的问题确实也已淡出人们关注的视野了。更因为在我们身处的社会中,相对于"德"这一人格价值,拥有优越的判断力,对事物有深刻的洞见,能够判定事态变化与走向的知性人才,更具价值优势。但是,对事物的洞察力与知性的判断裁量的品质,在传统观念中属于"德"范畴中的"智"。只是到了现代文明社会,"智"与"德"被区别开来,"德"成为更具内在性的人格性价值。把"智"与"德"加以区分,并告诉我们所谓现代社会是"智"较"德"更具备优越性的社会的人,正是福泽谕吉。福泽在《文明论概略》中称,应当通过"德""智"对立,重新构建一个以"智"为优的日本社会。这里需要注意的是,传统的"智"是包含着"仁义礼智信"等一系列"德"之概念中的一种概念,是人所拥有的德性之一。福泽从上述的"德"之体系中把"智"抽取出来,将它与"德"对置;并通过这种对置,将"德"规定为更具有内在性的性格,即重构为一种消极的概念。

于是在我们心中就自然没有了积极探询"德"之概念的要求。下面，我们一起来看一下《文明论概略》中关于"智""德"对比的部分：

> 德就是道德。西洋叫做"Moral"，意思是内心的准则。也就是指一个人内心真诚、不愧于屋漏的意思。智就是智慧，西洋叫做"Intellect"，就是指思考事物、分析事物、理解事物的能力。（中略）
>
> 道德是存在于人们内心的东西，不是外在的行为。所谓修身与慎独，都是和外界无关的。（中略）受外物所制约的就不能称为道德。（中略）
>
> 智慧和道德不同。它是和外物相接触，而考虑其利弊，如果这样做不利，则改用另种方法；自己认为便利，而多数人说不便利，就应立刻改变（中略）研究其利弊而采用更有利的，这就是智慧的作用。像这样，智慧和外界事物接触，适应情况灵活运用，和道德完全相反，是一种外在的作用。[①]

对外部世界不会产生任何影响，仅作为一己心中之德性的"德"之定义，是通过与直接作用于外部世界的"智"相对比而产生的。然而，"仁"却无法被归入这一心中的德性，因为其中包含与面对他者时应该持有的心之姿势相关的"忠信"之"德"，以及"慈爱"之"德"。尽管如此，为了保证"智"的优越性的地位，"德"不得不被重新构建为消极的、一己性的内心的概念。于是，受到福泽等人重构概念的影响，

---

① 译文引自福泽谕吉：《文明论之概略·智德之辨》，北京编译社译，北京：商务印书馆，1982年。——译者注

"德"不再是我们现代人积极追求的品质了,取而代之的是国家赋予我们的作为国民必须遵守的"德"之体系。《教育敕语》就是天皇钦赐日本帝国众臣民的必须遵守的道德体系。

在了解了现代我们所面对的"德"之状况后,我想重新回顾一下《论语》中,使"德"之问题最初形诸言语的诸种事态。

为政第二·第一章

子曰:"为政以德,譬如北辰居其所而众星共之。"

这是引导所谓由政事、执政者与道德相结合而产生的"德治主义"的、儒家政治原理的原典性的语言。许多解释都是从这个角度出发,解释德治主义这一政治原理的成立过程。从这一儒家的政治原理业已成立之后的状况来看,人们自然会认为政事与"德"的结合是必然的关系。然而,事实果真如此吗?把主持政事的执政者的人格价值或道德品质相关联的"德"之问题,与政事混为一谈,难道不奇怪么?这难道不是孔子最初针对政治提出的问题么?首先让我们来看看朱子的解释。朱子的解释是从德治主义这一儒家政治原理的立场出发的代表性言说。

【朱子集注】

政之为言正也,所以正人之不正也。德之为言得也,得于心而不失也。北辰,北极,天之枢也。居其所,不动也。共,向也,言众星四面旋绕而归向之也。为政以德,则无为而天下归之。

于此,德治主义被公式化了。这是把与积极地施行统治相对立的"无为的统治"理想化了。

【仁斋古义】

仁斋也顺着这个思路解释说：此言为政以德，则无为而天下归之也。若夫不知为政以德，徒欲以智力持之，则劳攘丛脞。愈理愈不理，此古今之患也。后世讲经济之学者，不知斯之务，徒区区求于仪章制度之间，鄙哉。

【涩泽论语】

涩泽遵照龟井南冥（1743—1814）[①]的意思，解读本章如下："人君居于上位为政之时，若以道德为其根本，则人民悦服，万国归心。譬如天之北斗，常居定位，无所移转，而漫天众星皆以其为中枢，环绕旋转。本章为警诫之语，盖因孔子之时，为政者弃道德之本于不顾，而专务于法令刑律之末也。"

以此解释为基础，涩泽成功地把本章与作为近代国家的日本联系起来："为法治国亦可，宪政治国亦可，身为一国之大臣，料理大政之人，胸中不可无道德之观念。若心怀根本之道德，为政公明正大，有过而不惮改，则岂有遭人暗害，或遇人非难之事？我皇室常以一视同仁之恩德垂布天下，务以道德为本。故万民崇仰皇室之情，世界中无可比拟，恰如众星齐拱北辰。"

他更进一步从一国国民的立场出发解释道："究为政之事，本非限于朝堂之上，经营一公司，管理一学校，维持一家庭，尽皆政事也。若不以道德为基础，必失信于世间，而窘境立生。道德乎？道德乎？为政者亦为一国之民也。国民之道德提升，则必不能以为政者一人为尊。然国民道德之培养，亦为担任教育之责之政府之义务也。《教育敕语》以

[①] 龟开南冥，江户时代九州的儒学家，曾著近十卷的《论语注释》。——译者注

德育为要之旨甚明，然见诸今日之教育实态，则智育为尊，德育遇冷之别可知也。实乃遗憾之至矣。"

这就是对"何谓近代的德治主义"的巧妙回答。

【子安评释】

至此，我没有给"德"下定义，而是追溯了对《为政篇》首章的各种解说。仁斋和涩泽都将"为政以德"理解为，政治应以道德为本。这种解释与其说是关于执政者之道德的德治主义主张，不如说是一种以道德为基底的政治主张。然而孔子在说"为政以德"的时候，他指的是道德主义的政治论吗？孔子在说这句话的时候，究竟是怎样理解"德"的呢？

仁斋把本章中的"德"，注解为"仁义礼智之总名"。而"仁义礼智"为"天下之达道"，为人类世界之道德准则。若政治是以此道德标准为根基，则此政治应能成为众人归心的北斗星，等于中枢。但是，这只是仁斋的道德中心主义的解释。在仁斋这里，道德主义已经成为与律法主义相对抗的观点。孔子的确对试图用法律与刑罚来支配与统治人民的律法主义政治，持强烈的批判态度。但是，这种批判并不意味着试图以道德取代政治。孔子的"为政以德"，并不是把政治完全转换为道德的意思。

我在此想特别指出的是：德治主义或道德主义式的政治，它既把"无为之治"的统治理想化，又肯定政治上的无为无策。尤其是道德主义式的政治，它先把政治的支配体系转换为道德的体系，然后用道德体系支配人民。所谓以儒教为国教的国家，就是用道德支配人民的国家。导致这种结果，是因为人们把"为政以德"这句话解读为德治主义，或道德主义式的政治，并且认为政治与道德的结合是理所当然。那么，究竟应该如何理解"为政以德"呢？"德"又是什么呢？我认为最好不要太早把"德"理解为"道德"。《论语》中没有出现"何为德"，如同没有出现"何为道"，都出于相同的道理。然而，"德"与"道"是孔子及其弟子们早已达成共识的问题。只是因为没有形诸言语，因此，后世对他们达成的共识究竟是什么不得而知。

唐代韩愈有云："道与德为虚位。"（《原道》）所谓"虚位"就是没有实权之位。由此也把没有实体的空虚的名词称为虚位。"圣人之道（德）"与"君子之道（德）"有具体含义，但是"道"和"德"自身并未持有具体的积极的意义。或者说，也许到了韩愈的时代，人们对"为政以德"中的"德"的共识也已不复存在。

对"德"最古老的注释性说明，是《礼记》中的"德者，得也"（《乐记》），"德者，得身也"（《乡饮酒义》）。据此才有了上述朱子引用的"行道得心谓之德"之说。从《礼记》的说明来看，"德"是人们自身获得、自身具有的某种素质。这种素质是力量，是动力，是器量的大小，等等。若从心的角度来说的话，应当就是其广度、厚度以及思虑的深度吧。这样一解释，"德"也许就更加虚位化了。

这是因为，当初"君子之德"受到"德谓何物"的概念限定的时候，"君子之德"是君子之所以为君子的素质的问题被提出时，人们必须用那是力量、是大度、是心态等等的回答，去解释、置换"君子之德"这句话。然而，我们说的"君子之德"，其实是意味着区别于小人的君子，君子身上要具备某种超越其社会身份规定的素质。孔子本人在《论语》中不厌其烦地要求弟子们成为"君子"，就是希望弟子们具备君子之为君子所必须具备的某种素质（德）。至于这种素质究竟是什么，那是后代的解释家的工作了。孔子本人从来没有对"君子之德"做过任何单一的界定,倒是通过与小人对比之后,对具备此德性的君子应当是怎样的人做过多种解释。"子曰:君子周而不比,小人比而不周"(为政篇十四);"子曰:君子喻于义,小人喻于利"(里仁篇十六);"子曰:君子成人之美,不成人之恶。小人反是"(颜渊篇十六)。君子之德,正是在这些丰富多样的言说中形成的君子之为君子的某种素质,而这某种素质不可能是意义单一的。

孔子说"为政以德"的时候,指的是执政者有作为执政者应该具备的某些素质,君主有作为君主应该具备的某些素质,而他们应当凭此去执政。失去了这些素质,就不配称为执政者。这些素质就是所谓的"德"。孔子没有解释什么是"君子之德",却说要"成为君子"。由此可见,孔子说的"为政以德"就是"君主要像个君主""执政者要像个执政者"的意思,而不是说要用道德来执政。身为执政者,就要自觉保持政治之为政治的素质。假如说,一国政治的终极目标在于使一国的民生安定的话,那么,从对这个问题的思考与认识的深度中,就可以看到执政者之为执政者的"德"了吧!这就是"为政以德"的意思。

为政第二·第三章

子曰:"道之以政,齐之以刑,民免而无耻;道之以德,齐之以礼,有耻且格。"

"政"指政令及法令的规制。"政"字的原意就是以强制的方式纠正或改正。"齐"是聚拢、整齐的意思。"格",朱子将它解释为"至也,至善",仁斋则依据古注将其解读为"纠正"。

【朱子集注】

"政者,为治之具。刑者,辅治之法。德礼则所以出治之本,而德又礼之本也。"政与刑是表面的统治方式,其基础必须有德有礼。以德与礼为基础的政治,能够使民自发地从善而迁。"此其相为终始,虽不可以偏废,然政刑能使民远罪而已,德礼之效,则有以使民日迁善而不自知。故治民者不可徒恃其末,又当深探其本也。"朱子更将"道之以德"解释为"躬行以率之"。

【仁斋古义】

政,谓法制禁令也。齐,所以一之也。道之而不从者,有刑以一之也。免而无耻。谓苟免刑罚,而无所羞愧。道之以德者,孟子所谓谨庠序之教,申之以孝悌之义也。礼,谓制度品节也。格,正也。言民有所羞耻,又能自修而归于正也。

【子安评释】

本章直接导向了与政治主义的相对立的道德主义,以及与律法主义相对立的德治主义。朱子将"德及礼"与"政及刑"设定为本与末的关系,将道德的原理转化为基础。仁斋则试图将法制的统治体系转换为道德的教化体系。诚然,本章中留有给后世解经者开掘与拓展的理由。但是我们还是想要了解与"政"相对的"德",以及与"刑"相对的"礼"所具有的原初意义。关于"德",我们上面讨论过了。至于"礼",则是指人类代代传承的自生的社会性习惯与规律。据此,我对本章的翻译如下:

〔子安译〕孔子说:以政令来引导人民,再加上采用法令及禁令来统治人民的话,只会让人民仅仅试图避免规制,而不会对自己的行为感到羞耻;若以为政者的自觉来引导人民,遵照社会共同体的秩序来统率人民的话，那么人民不但会对自己的行为感到羞耻，且能够主动纠正自己的行为。

述而第七·第二十三章

子曰："天生德于予，桓魋其如予何？"

借用涩泽氏的话介绍一下本章的背景："孔夫子自卫赴宋途中，与众弟子坐大树下论礼。宋国司马桓魋闻孔子来，思其必将阻害一己之恣意横行，故命兵士砍倒大树，以图压杀夫子。此乃孔子为使众弟子安心而发之语也。此为周敬王二十四年，鲁定公十四年，孔子五十六岁时的事。"（《论语讲义》）在这里，涩泽没有读出孔子的天命观，倒是从中看到充满自信、让从者安心的孔子形象。

【朱子集注】

"魋欲害孔子，孔子言天既赋我以如是之德，则桓魋其奈我何？言必不能违天害己。"关于天赋孔子之德，古注云："授我以圣性，德合天地，吉无不利。故曰其如予何。"（包咸：《论语章句》）仁斋根据孔子的这些语言，发展出"天有必然之理，人有自取之道"的独特的天命观。

【仁斋古义】

或曰：桓魋暴人也，夫子旅人也。魋欲杀孔子，何惮而不为。在斯时，恐难委之于天。曰：不然。天有必然之理，人有自取之道。《书》曰：作善降之百祥，作不善降之百殃。《易》曰：积善之家，必有余庆。积不善之家，必有余殃。是谓天有必然之理也。《诗》曰：永言配命，自求多福。《书》曰：天作孽犹可违，自作孽不可遁。是谓人有自取之道也。非言论之所能尽也。

【诸桥论语】

　　孔子说，天已经赋予自己天生的德性，也就是说，自己是肩负着维持世道人心的天赋使命的人。只要我还肩负着上天交付的重大使命，那么即便如桓魋那样的凶暴之徒，也不能随意伤害到自己。这是面临危难时，特别产生了对自己的使命之重大的自觉的一段重要文字。

【涩泽论语】

　　即便非孔夫子，若得时常慎己内省，以度此生者，皆可有"天生德于予，桓魋其如予何"之自信。余固非圣人，然凭多年经验，亦可得此自信。明治十六年八月十四日，自由党总理板垣退助于岐阜之演说会场遭反对派壮士相原尚褧暗杀时，大呼"板垣死，自由不死"。不可不谓此语于无意识间，正与"桓魋其如予何"出于同样之意气也。

【子安评释】

　　本章中天赋予孔子的究竟是什么，引发各种各样天命论的解释，我却认为本章中透露出接近"德"之原意的信息。我以为，"德"原本的意义中，就包含着人之存在所拥有的力量、威力这层意思。"神之德"是神所拥有的威力。本章中，上天赐予孔子的就是像桓魋这样的人无法使之减损的力量。这种力量既可以视为像涩泽所说的自信力，又可以说是拥有对天赋使命之自觉的强悍的精神力。"德"就是人本身所具备的、能够影响他方的力量。天地自然之德，就是生养万物众生的生命力。人之德，就是育人育物，即爱人爱物。这才是儒教中所谓"仁之德"的含义。

第七讲 问『仁』

一提到向孔子"问仁",人们首先会举出"颜渊问仁",即孔子答以"克己复礼为仁"的这一章。它可谓是《论语》中最广为人知的代表性篇章,而它之所以具有代表性,是因为孔子针对"仁"这一核心道德概念,给出了在其他章中未曾有的清晰而又规范的回答。《论语》中代表了孔子之教导的规范性、教诫性的言语,都是从对"克己复礼为仁"这一章的解释中引申的。其中代表性的解释就是朱子的解释,对后世产生了压倒性的影响。若说从朱子开始,《论语》的教诲被彻底地颠覆了,恐怕也并不为过。导致后世对《论语》中教诫性语言产生反抗心理与厌恶感的,正是朱子对此章的解读。在很长一段时间里,我虽然一直在读仁斋的《论语古义》,却始终没有直接阅读《论语》的兴趣,也是因为这一章的缘故。再加上现代中国"文革"的"批林批孔"运动中,因为林彪爱说"克己复礼",故针对此语进行了激烈的政治意识形态批判。"克己复礼为仁"一语中潜伏着的不可思议的神秘力量,左右了现代中国。

颜渊第十二·第一章

颜渊问仁。子曰:"克己复礼为仁。一日克己复礼,天下归仁焉。为仁由己,而由人乎哉?"

对"克己复礼"的解释因人而异。至今为止为人们普遍接受的是朱子的解释。下面我们一起看一下:

【朱子集注】

> 仁者,本心之全德。克,胜也。己,谓身之私欲也。复,反也。礼者,天理之节文也。为仁者,所以全其心之德也。盖心之全德,莫非天理,而亦不能不坏于人欲。故为仁者必有以胜私欲而复于礼,则事皆天理,而本心之德复全于我矣。

从朱子的立场出发,仓石《论语》的现代语翻译如下:"颜渊询问'仁'。夫子回答说:'战胜自己(自己的私欲),回归于礼(能够看到自然之道理的规则、准则),就是仁(心中原本就具备的完全之德就是仁)。(所谓心中具备的完全之德,不外乎自然之道理,然而却遭到了人欲的破坏,因此为了实现作为完全的心之德的仁,除了战胜私欲回归礼,别无他法。)每日都要战胜自己归于礼,那么天下(天下之人皆能)面向仁(向仁者靠拢)了。'"(括弧内的补充说明,是仓石氏根据朱子的注释附加的。)

"礼为何物?"我们在后面还必须深究,这里先简单地介绍一下。"礼"原本是指古代国家从宫廷或宗庙仪式到社会风俗礼仪,等等。孔子不仅将它理想化为古代先王之规范,更是人类社会必须持有的美丽端正的秩序,也即文化性的、同时也是理念化的伦理性的社会秩序体系。朱子称此被理想化的体系为"天理之节文",即遵循天理的正确的符合道理的社会秩序。而按朱子学的人类观点，天理原本就是作为人的本性存在于人心中的。因此，就像私欲破坏了人心本来的天性那样，如果我们战胜了私欲，还人心本来完整的面貌的话，那么这个人也就同时与世界之合理秩序相一致了。这就是"克己复礼"。而能够使心之原初与礼的世界秩序完全相符的行为实践，也就只有"仁"了。这就是朱子对所谓孔子的"克己复礼为仁"的解释，并由此引发了关于"心"的教诫性言语。

虽然对朱子而言，正心（克己）与正行（复礼）是同等重要的，但是他却时常将强调正心、心性的教诫性言语摆在更为优越的地位上。再从天理与人欲在自己心中互相争斗的角度来看，人总要面对禁欲克己的课题。中村惕斋围绕着"克己"说："圣人下此克字，譬诸人互取刃相杀，我不杀敌，则敌必杀我，由此必定克己以称义。"（《论语示蒙句解》[①]）由此可见，朱子对"克己复礼"的理解是如何影响着后世。

【仁斋古义】

仁斋读为"克己复礼"。所谓"复"是"反复行礼"之意。"克己者，犹舍己从人之意。言不有己也。天下何善不如之？反复行礼而不倦，则君臣上下各得其所矣。"（稿本）"克己则泛爱众，复礼则有节文。故能泛爱人，而亦能有节文，则仁斯行矣。"（刊本）"一日，谓志初兴起之日也。言能一日克其己，而反复行礼，则天下归其仁，犹水之就下，兽之走旷，沛然不可御也。"（稿本）

仁斋的著作都是他死后经嗣子东涯校订，刊行于世的，《论语古义》也因此分为"刊本"与"稿本"。上文中的"稿本"指的是仁斋生

[①] 中村惕斎:『論語示蒙句解』，漢籍国字解全書一，東京：早稲田大学出版部，1925年。

前的最终定稿本（也即所谓"林本"），此中仍保留着许多在被整理为"刊本"中时遭删除的仁斋的文字和文章。另外，就这里孔子的回答，仁斋说："颜子王佐之材，故以仁天下之道而告之。"颜子原本就是应该位居辅佐君主之位的人才，因此孔子才用天下之仁来回答他的问题。但是，对原本就属于国家执政者阶层的儒家朱子学派而言，仁斋在此针对颜子的补充说明则是多余的。以朱子为代表的中国式的儒家言说，本来就以德化天下人的教化为目的。然而，对身为町人学者的伊藤仁斋而言则并非如此，由此才有了针对颜子的补充说明。与此相应，仁斋也不会将"天下归仁"直接理解为执政者的仁政或是德治。以仁斋的"稿本"及"刊本"的见解为基础，孔子的这句话可以作如下解释：

〔子安译〕颜渊请教"仁"的问题。夫子回答说：放弃仅属于自己的立场，跟随众人吧。接着从众人共同的立场出发，遵循世间的礼仪习俗，反复履行这些礼仪。这就是所谓的仁了。有一天你若真的立下志向，舍弃自己，从众人共同的立场出发反复行礼，则世间会将充满慈爱之德性，天下则归向仁了吧。所谓仁的形成是从一己出发，而不是从他人出发。

【徂徕征】

徂徕读为"克己复礼为仁"。徂徕认为"克己复礼"是制约自己，"纳身于礼"的意思。"为仁"者行安民之道也。孔子非谓"克己复礼即仁也"，"欲行安民之道，必先纳身于礼而后可得而行也"。徂徕所谓"礼"，是先王为安民而制订的礼仪习俗这一社会体系。而通过遵从这一体系能够使自己实现安民（仁）的礼仪习俗的体系，则为"礼"。从徂徕的这一观点出发，本章可翻译如下：

〔子安译〕颜渊问仁。孔子回答说：仁政，即安民之政，首先必须修正己身履行礼仪。若未能先修身行礼，则不能让天下众民归服于此仁政。行仁政于民，须从一己出发，而不是从他人出发。未修己身则不能行仁政。

【涩泽论语】

经常战胜自己的嗜好及欲望，事事皆循礼而行。此则谓之仁也。人若能日日战胜私欲而行礼，则众人皆可归依仁道。其影响之迅速，如同置驿站于不顾而直传令旨。然而仁乃本存于己心之物，并非他处借来。故汝欲仁，而斯仁至也。何时、何地皆可得矣。

颜渊第十二·第一章（续）

颜渊曰："请问其目。"子曰："非礼勿视，非礼勿听，非礼勿言，非礼勿动。"颜渊曰："回虽不敏，请事斯语矣。"

【朱子集注】

从朱子的立场出发应该这样解读吧："非礼勿视，非礼勿听，非礼勿言。""非礼"被视为"礼"的反面，是一种否定性的且禁锢一己的立场。"非礼者，己之私也。勿者，禁止之辞。是人心之所以为主，而胜私复礼之机也。私胜，则动容周旋无不中礼，而日用之间，莫非天理之流行矣。"

朱子把"四勿"解读为日常生活中自我规约的禁止性语汇。

中村惕斋依照朱子的立场将此句说明如下："非礼为礼之内面，私欲也。即上文之'己'字也。'勿'为自我告诫之词。即此人心之主宰，克己复礼之机括矣。所谓非礼勿视、勿听，乃禁止所见所闻之处之非礼。而并非禁止听非礼之声色之意。淫声美色,并非原本就存寄于我们心中之物。只是我们毫不介意地随意见闻,即非礼。故禁止之。此与声色之有无无关。……人常以此四'勿'克私欲之时,视听言动,皆以礼节为限,则凡日用之间,时事无不顺应天理之流行也。"(中村惕斋:《论语示蒙句解》)

【仁斋古义】

这是孔子针对颜子提出的"克己复礼"之仁具体该如何进行为宜的问题做出的回答。孔子说:请在日常的视听言行中不违礼,也就是说应该抑制自己而置身于对方的立场(民众的立场)。这样的话,"则仁为己有"。"颜子王佐之材,故以仁天下之道而告之。实与损益四代之礼乐,以答为邦之问者(卫灵公篇十一),相表里焉。盖仁之为德,慈爱恻怛之心,内外远近无所不至。在家则行于家,在邦则行于邦,在天下则行于天下。"

【李泽厚论语】

李泽厚将此段翻译如下:"颜回问如何是仁?孔子说:'约束自己以符合礼制就是仁。'有一天都这样做,那中国就都回到'仁'了。"在此基础上,他就"克己复礼为仁"阐述如下:"在孔子时代,承续氏族社会传统,个体的心理建构和人性塑造(仁)与社会秩序、政治体制(礼)是相联接而混同,也充分表现在这一章里。因而在今天就不能适用了,而应予以分疏、解构。作为外在社会政治体制的'礼',只能规范、管辖人们的行为,它所要求的是一种公共奉行的社会性的道德,如正义;在现代便以所谓奉公守法为基本底线和标志。作为内在心性修养和人性境界的'仁',涉及的是人性情感的培育塑造,它是一种个体追求的宗教性的道德。(中略)二者经常同一,正是中国式的'政教合一'的传统所在。正因为此,如前所说,如何分解二者,使各得其所,各有充分的发展前景,便是今日关键所在。"

李泽厚从"克己复礼谓之仁"中引发出政治与道德或社会之规范性与内面之道德性分离的课题。仅就这一点来看,李泽厚的立场是极为现代主义的。然而,我们现在不正需要重审这种将社会存在的问题与人之道德性问题区分开来的现代主义分离观么?作为存在社会性的人类道德性问题,需要重审的不仅仅有"仁"与"礼"的分离,还有"仁"与"知"的分离问题。对物之仁慈(仁)与对物的认知(知)的不可分离,正是生态学的视点吧。

【子安评释】

《春秋左氏传》:"仲尼曰:'古也有志:克己复礼,仁也。'信善哉!"(昭公十二年)这里说"克己复礼,仁也"是古语。也就是说,孔子是引用古语回答颜子的问题。这就充分说明了《颜渊篇》首章部分与其他各章相异的特性,即孔子以强有力的规范性及自我规约的性格来阐述"仁"。或者说,本章的"克己复礼,仁也"这一古语作为孔子之言,为孔门正统传人亚圣颜子所继承。这或许就是本章被置于《颜渊篇》之首的缘故吧。

《论语》中孔子的话,多数都是针对提问者本人的具体情况来进行解答的,即便是对问"仁"这样抽象的问题也是如此。因此我将孔子的话视为一种具体的依循行为生成的言语表达。而后世继承者的解释则将其视为具有普遍性的规范性言语。构成《论语》诸篇的各个章节是在孔门弟子传承孔子的教与学的过程中形成的。在这个过程中,孔子的话也就相应被赋予了规范性的特质。然而,即便考虑到《论语》形成的这个特性,《颜渊篇》首章所表现的语言之强烈的规范性特质也是显而易见的。可以说,从本章中道出的所谓"四勿"这一自我规约式的禁令,它自己本身也担负了拘束众人的道德律令的宿命吧。"克己复礼"四个字,后来令《论语》备受冷落,甚至曾一度被视为"反革命"口号。

仁斋将本章重读为自我规约性的禁止令。因此仁斋认为,"克己复礼"就是舍弃己身,或者压抑自我、追随众人(或者民众)共同的立场。对人的慈爱之心充满人我之间,最终世界都被这一慈爱之心所充满。仁斋认为这就是"仁"了。因此,压抑自己,而以他人(民众)共同的立场为立场,这就是"行仁"。我认同仁斋的这一理解。

述而第七·第三十章

子曰:"仁远乎哉?我欲仁,斯仁至矣。"

〔子安译〕先生说:仁这个东西,并非遥远且不可及之物。自己若有意追求的话,它就会来到。

【子安评释】

"仁远乎哉"一语接近反语式,因为它将"仁"当成自己追求之物或想要之物。朱子学派将"仁"理解为人之本性或人之内在的道德性。这与孔子这句话并不相吻合。从徂徕的立场出发解释也很难,因为徂徕认为"仁"是先王圣人安民之大德。涩泽荣一的解读是:"仁乃推忠恕之心博爱众人,人我无隔之意。亦即仁已在我心,绝非外求之物。而有谓仁远而难求之说,诚视仁为求得之物,而不在我心者也。"(《论语讲义》)这样一来,孔子这句话原初的意思是说,人们能够通过日常生活中忠恕的实践，或其与恻隐之心之间的关联，来理解与把握"仁"。

仁斋说："此言仁之甚近也。学者以仁为甚远而难至，殊不知欲之斯至，何远之有。盖仁者天下之美德，而以吾性之善而求之，则犹以薪投火，其至甚迅。何惮而弗求之邪。"（《论语古义》）仁斋所谓的"性之善"是指人与生俱来的四端之心（恻隐、羞恶、辞让、是非之心），而使其中慈爱恻隐之心（爱人、同情之心）充满于人与人之间，即为"仁"。

颜渊第十二·第三章

司马牛问仁。子曰："仁者，其言也讱。"曰："其言也讱，斯谓之仁已乎？"子曰："为之难，言之得无讱乎？"

古注云：讱，难也。朱子解作"忍也，难也"。"其言有所忍而不易发"之意。司马牛，名犁，或耕，字子牛。《史记》载，牛"多言而躁"。因此对他问"仁"，孔子回答说"仁者心存而不放，故其言若有所忍而不易发"。这正符合孔子针对具体提问者做出具体回答的方针。

〔子安译〕司马牛就"仁"而提问。先生回答说：仁者说话不容易，很难。司马牛追问道：说话困难也能算是仁吗？先生回答说：行仁本就不易，行仁者慎言。

【涩泽论语】

如今世上多司马牛，皆善于言辞。苏秦、张仪之流俯拾皆是。甚至有许多专挑有益于自己的言辞而信口开河，扯的谎让人一眼就能看穿，竟然还若无其事地说得天花乱坠，丝毫没有意识到言论者的责任感。一切皆是由谎言而生的谎言，而从谎言而生的诚实却非常罕见。从诚实而生的谎言也不绝于耳。可以说,本来没有诚意地言说,言论就不存在什么价值。任何著名的言论或卓越的说辞,其实际价值都是从付诸实践的瞬间才开始产生的。

苏秦是战国时代宣扬各国合纵之策的说客兼六国大臣,后败于张仪之连横之策,遭遇暗杀身亡。

述而第七·第六章

子曰:"志于道,据于德,依于仁,游于艺。"

〔子安译〕先生说:"所谓君子是不断地以道为志向,以德为依据,不离仁,从容地优游于诸艺。"

"艺"是指古代之士的六种教养科目:礼、乐、射、御、书、数。

【仁斋古义】

此孔门学问之条目,当时弟子常所佩服者也。道者人之所由行,故曰志。德者人之所执守,故曰据。仁则近而见于行者,故曰依。艺不可不讲,亦不可泥,故曰游。此四者,虽有大小之差,然道之本末终始,一以贯之。故夫子次第言之,非他答问之类也。盖古之学问必有条目。

【朱子集注】

此章言人之为学当如是也。盖学莫先于立志,志道,则心存于正而不他;据德,则道得于心而不失;依仁,则德性常用而物欲不行;游艺,则小物不遗而动息有养。学者于此,有以不失其先后之序、轻重之伦焉,则本末兼该,内外交养,日用之间,无少间隙,而涵泳从容，忽不自知其入于圣贤之域矣。

关于朱子"游于艺"之意，中村惕斋这样解释说："游，玩物适情之意。艺，则为礼乐之文、射御书数之法，皆至理所由，日用所不可缺者也。行之有余力，不嬉闹，又游于此，以广其义理之趣，应其用而事足，心亦无放时矣。"（《论语示蒙句解》）

无论是朱子，还是仁斋，都没能解读出"游于艺"一语中隐含的心之优游的感受。孔子所说的，不就是身为君子不仅应当求道行仁，同时也应当置身于文艺娱乐以自适么？

【涩泽论语】

人要成为完整意义上的人，首先，第一必须志于道。所谓道，就是仁之为仁理应履行的人道。（中略）人只有通过行为，其价值方为人所知。虽然德与仁都是把其根底置于人的心情之中，但通常它会通过行为彰显于外。故欲使自己成为完整意义上的人，必须在志于道的同时，以德为依据，遵循仁而行。不过，人若只注重这一方面的话，就将变得强硬而呆板，因此有必要通过娱乐于艺，多少放松一下自己。可惜世上有成就者，能拥有这一闲情逸致者不多。政治家为政治所困，学者为学问所囚，慷慨激昂者则为自己的热情所奴役。这是一般人的通病。孔夫子的所谓"艺"就是六艺，相当于今天所说的兴趣。孔夫子的观点是：人在行为上毫无欠缺，志向亦甚远大，但如果没有兴趣，则不能称为完整的人。

第八讲 问"政"

国之政治应该如何,这大概是春秋末期执政者们对孔子提出的最重要的问题吧。不久,到了孟子的时代,便涌现出被称为"诸子百家"的众多思想家。针对诸侯们提出的政治问题,他们都有自己独特的解答。孔子恐怕是为执政者们提出政治咨询的第一人吧。然而,孔子既不属于执政者的智囊团,也不是常任顾问。他对待执政者就和对待他的众弟子一样,就所问的事情提供解答,有时还会退到问题的原则上来回答。例如说"政,正也",就是说执政者不正己身,就无法行政事。还有"君君",即君主要像个君主,这是政治的前提。我们现在应当从《论语》中读取的,就是孔子针对"政"的回答中使用的原则性语言。

颜渊第十二·第十一章

齐景公问政于孔子。孔子对曰:"君君,臣臣,父父,子子。"公曰:"善哉!信如君不君,臣不臣,父不父,子不子,虽有粟,吾得而食诸?"

【朱子集注】

"是时景公失政,而大夫陈氏厚施于国。景公又多内嬖,而不立太子。其君臣父子之间,皆失其道。"因此孔子告之以"人道之大经,政事之根本也"。现代语翻译如下:

〔子安译〕齐国的景公向孔子咨询为政的要谛。孔子回答:"君要像君,臣要像臣,父要像父,子要像子。"景公说:"诚然如此。如果君不像君,臣不像臣,父不像父,子不像子,国家必乱。纵使粮仓有粮,我也吃得不安心啊。"

【子安评释】

景公与孔子这段对话的背景,大概正是如朱子说明的齐国之乱吧。正因为此乱之根源乃君臣、父子间的人伦之乱,故孔子以正人伦为政事之根本作答,是非常合乎逻辑的。但也正是因为这一合乎逻辑的回答,创造了"人道之大经,政事之根本"这一儒教政治体系的原理性教谕。于是,后人视孔子的这段对话为此教诲的起源。

我们回过头思考一下《论语》的这段问答。此问答的背景的确是朱子所说的齐国之乱吧。齐国的景公来问政。孔子依据他的问题,答以"君君,臣臣,父父,子子"之说。对身为一国之君的景公说"君要像君",其实就是忠告他"有君主之名,也必须有君主之实"。仔细想来,这真是绝妙的回答。执政者要像个真正的执政者,这的确可谓是对政治终极的要求了。只是孔子的这种回答方法,后来被视为一种教谕,目的是维系与儒教的体制化相伴而生的名分论这一秩序。仁斋其实是意识到了上面提到的围绕这段对话所产生的问题,因为他强调说,孔子的回答是针对作为执政者的景公做出的。这也体现了仁斋政治论中的激进一面。

【仁斋古义】

为政之本，在于君臣父子，各得其所，而不紊。苟不求其本，而唯末之图，则施为难当。条令虽明，岂足以善其国乎？盖夫子为景公问政而对，故其责成，专在君上。惜乎景公知善夫子之言，而不知反求于其身。此齐之所以卒于乱也。若后之人君，读此而不知反求于其身，则又一齐景公也。

【宫崎论语】

宫崎市定认为，原文的"君君，臣臣，父父，子子"这样的同一字反复重叠的句子，应该是以首字为动词，次字为名词为妥。于是他将此章解读如下："孔子对曰：以君为君，以臣为臣，以父为父，以子为子。公曰：善哉！信矣！如不以君为君，不以臣为臣，不以父为父，不以子为子，则虽有粟，吾不可得而食耶。"

据说，宫崎之所以认为本章应该这样理解，是因为他认为原始儒教中涉及的人伦关系，并非如法则一般固定不变，而应该在动态中予以确立。此见解值得参考。然而，就算我们遵循传统的读法，仍然可以动态地理解孔子关于人伦的教谕。"君要像君"是一种很强烈的实践性要求。毋宁说景公没有领悟到的是，孔子的回答是针对自己而发的实践性要求吧。

颜渊第十二·第十七章

季康子问政于孔子。孔子对曰："政者，正也。子帅以正，孰敢不正？"

【诸桥论语】

先根据诸桥的翻译来看看本章的意义:"鲁国大夫季康子向孔子请教政治的要道。对此孔子回答说,政字的本义为正。只要你引领人民先行正道,那么有谁还会不行正道呢?"

【子安评释】

《汉和大辞典》中"政"字的解释是:"会意形声字。鞭挞人,引其走正道之意。故以'正'与'攴'合以示其义,转为引导人民走上正道之义。"如果从"政"的字形成立来看的话,所谓"政者,正也",是正确引领人民的意义。其"正"则是在鞭挞人民的同时又对人民施舍的意思。但是,这种在鞭挞人民的同时又对人民施舍的做法是正确的吗?对人民而言,绝非如此。这对于人民而言是不正义、不公正的。因此,孔子对季康子说"政者,正也"与其说是纠正人民,毋宁说是"把你的'政'按照其本义去纠正过来"的意思。必须得到纠正的,是已经沦落为私党之工具的偏离的政治。因此,"政者,正也",就是说所谓"政治",不是将私党认为的正确性强加于人民,而是必须实现民众所追求的公正。这就是孔子的"政"之本意。

根据字之本义,纠正事情,也就是回归事情的本来,纠正现行的逸脱与偏离,这是革新的正道。我们读《论语》,也就是为了回归人类各种事象之本来而思考。孔子自己已经为我们做出了示范。我们现在正需要大声强调"政者,正也"。

另外,季康子是鲁国大夫,季孙氏第七代传人,曾任用孔子门下弟子冉有、子贡、子路等人。然而,正如这里所指出的"政者,正也"这一最根本性的原则那样,其政治的无道遭到孔子的不断批判。

可参考《子路篇》第六章:"子曰:'其身正,不令而行;其身不正,虽令不从。'"

颜渊第十二·第十九章

季康子问政于孔子曰:"如杀无道,以就有道,何如?"孔子对曰:"子为政,焉用杀?子欲善而民善矣。君子之德风,小人之德草。草上之风,必偃。"

季康子在此又问政,如果以刑戮的方式除去无道的恶人,令有道的善人生存下去的话,可以吗?他没有以"政者,正也"来反求自身,而是单纯地将其理解为单方面地纠正世界的方法。借用诸桥辙次的翻译来看一下孔子的回答:

〔诸桥译〕孔子对此回答说:"所谓政治,其目的必须是保证人民生活,并使人民的生活得到安定。因此,当你执政的时候,你有什么必要去考虑杀人这件事呢?若你自身从内心希求善道的话,人民就自然会归附善道。本来居于上位者之德性,就好比风一样;而居于下位的被统治的人民的德性,就好比草一样。风吹草上,草必随风而靡。东风吹草则伏向西,西风吹草则伏向东。同样的道理,统治者的德风在任何事情上都能够直接影响治下的人民。"(诸桥辙次:《论语之讲义》)

诸桥的翻译充分把握了孔子回答的要点。孔子用风与草的关系来比喻政治地位上的君子与小人的关系,这对于我们今天的读者而言有些难于接受,因为我们无法将自己的视点与统治者的视点同一化。然而,孔子关于政治的发言,都是从在位的君子的立场出发面对执政者而形成的。这就规定了孔子发言的基本性格。不过,我们不能忽视的是，孔子的政治理念都是以人民生活的安定为根基的。因此，我们也可以从另一个角度解读这句话，就是从民众的角度出发，追究执政者的责任与义务。仁斋用的正是这种解读法。我们有必要重新看一下本书第四讲"论'信'"中举出的《颜渊篇》第七章中关于"民之信"的章节。

颜渊第十二·第七章

子贡问政。子曰："足食，足兵，民信之矣。"子贡曰："必不得已而去之，于斯三者何先？"曰："去兵。"子贡曰："必不得已而去，于斯二者何先？"曰："去食。自古皆有死，民无信不立。"

让我们来重新思考一下"民无信不立"这句话。信，是信赖、信用和信仰之"信"。我认为"信"是指人确实可以依靠的东西。说人"信天"，则意味着对于此人而言，天是一个可以作为终极依靠的存在。孔子说"知我者天乎"（宪问篇三十五），说的就是对于他自己而言，天正是这样一种存在。如果君主不是人民能够安心依靠的对象，那么人民就失去了"信"。民失去了"信"，则政治也就无法成立，国家也无法成立。要让人民能够安心依靠是很重要的，人民失去了信用、信赖，政治也就崩溃了。孔子究竟是如何理解一国政治成立的基础呢？我们有必要重新确认一下。

子路第十三·第三章

子路曰:"卫君待子而为政,子将奚先?"子曰:"必也正名乎!"子路曰:"有是哉,子之迂也!奚其正?"子曰:"野哉,由也!君子于其所不知,盖阙如也。名不正,则言不顺;言不顺,则事不成;事不成,则礼乐不兴;礼乐不兴,则刑罚不中;刑罚不中,则民无所措手足。故君子名之必可言也,言之必可行也。君子于其言,无所苟而已矣。"

〔子安译〕子路仕于卫国之出公。他问道:"如果卫国的君主迎接您入朝去搞政治,您会从哪里着手呢?"孔子回答说:"那一定是先订正名分吧!"子路回应道:"先生您这么做未免也太迂腐了吧,如今还要正什么名分呢?"孔子对子路说:"由啊,你到今天还是个粗野的莽撞小子啊!君子应该对不知道的事情慎言才是。如果名不正,说话就不顺当;君主说话不顺当,政事无所成;政事无所成,世间的礼乐秩序就不兴盛,世间就不和谐;世间失去了秩序与和谐,则刑罚就不恰当;刑罚不恰当,哪里有人民安心居住的地方呢?因此,为君主者要像君主,为臣子的像臣子,订正了名分就一定能够说话,说的话就一定能够执行。君子就是在言语上不能马虎的人。"

【子安评释】

本章是《论语》中问政的代表性场面。当时卫国内部持续倾轧争斗,外国势力也纠缠于其中。孔子离开楚国回到卫国,正是鲁哀公六年,孔子六十三岁之时。下面根据传记将卫国的事情记载于下:

"当时,孔子弟子多仕于卫者,为此夫子居数年于卫。时卫立辄

（出公辄），其父蒯聩遭逐国外，乱君臣父子之名，诸侯屡犯之。卫君欲得孔子为政，遂不入仕，并述其由。（述而篇十五）故子路问若卫君欲待子为政，子先何为，孔子答曰必先正'名分'也。"（《至圣孔夫子传》，新明堂版《论语》）

问政于孔子，对此孔子以"正名论"（名分论）作答的场面大致与此相类，都是面对权力内部产生纷争，引致外国势力的介入，国内乱局进一步恶化的局面。关于该如何收拾这一乱局，孔子提出"正名论"为解答。对此子路的评价是，先生又在说些兜圈子的堂皇言论了。难道确立君主权的正统性就能解决内部纠纷么？其实孔子此言，与其说是针对君主权继承的正统性问题，不如说是强调有君主之名也必须有君主之实这一"正名论"。名为君主，则言行也必须与之相符，这是堂堂的正论（原则论）。孔子的主张原本是"君之应为君"的正名论，而並非是"君臣必须遵循各自的名分区隔"的名分论吧？

子路第十三·第十五章

定公问："一言而可以兴邦，有诸？"孔子对曰："言不可以若是其几也。人之言曰：'为君难，为臣不易。'如知为君之难也，不几乎一言而兴邦乎？"曰："一言而可以丧邦，有诸？"孔子对曰："言不可以若是其几也。人之言曰：'予无乐乎为君，唯其言而莫予违也。'如其善而莫之违也，不亦善乎？如不善而莫之违也，不几乎一言而丧邦乎？"

〔子安译〕鲁国的定公问孔子："有没有一句话就能够给国家带来振

兴呢？"孔子回答说："不能这样去期待言语呀。人们说：'当君主难，当臣子也不容易。'如果身为君主者，能自己意识到'当君主难'的话，这句话不就可以期待国家的振兴了吗？"定公又问道："那么有没有一句话就可以让人预示国家的丧失呢？"孔子回答："不能这样去期待言语呀。人们说：'我不喜欢当国君，不过喜欢享受身为国君讲的话没人敢违抗的乐趣罢了。'若这位国君讲得好，那么谁都不敢违抗，也就罢了。如果他的话讲得不好，也没人敢违抗，那不就是一句话便可以丧失国家了吗？"

【子安评释】

孔子服务于鲁国定公时，是定公九年到十三年之间，是孔子五十一岁到五十五岁期间。上述问答就是发生在这段时期。面对君主所使用的语言，这可是极其严厉的措辞。这正是孔子正名论所特有的严厉之处。

第九讲 问"孝"

东洋史学者桑原骘藏著有《中国的孝道》[1]一书。虽然只是薄薄一册,却是日本关于"中国之孝道"这一重要问题的唯一一部学术著作。在此书的开篇处桑原这样评价中国的孝道:"孝道位居中国社会发展原动力之中枢地位。正如 Cibot 和 Thiersant[2] 所说的那样,孝道构成了中国国家存在、社会安宁、家族平和、文化维持的基础。因此,不懂得孝道,就不能正确理解中国的国体、社会、家庭、文化(至少对过去的中国是如此)。那么,孝道这一教义究竟是如何在中国逐渐占据了如此重要的地位呢?我想,在中国,家族制度从很早以前就开始发展壮大,

---

[1] 桑原隲藏著,宮崎市定校訂:『中国の孝道』,講談社学術文庫,東京:講談社,1977年。
[2] Cibot(西博)是18世纪末在中国进行宣教活动的法国传教士。他发表了题为《与孝道相关的中国人之教义》的论文,第一次向欧洲人介绍了中国的孝道。Thiersant(蒂埃桑)是19世纪末驻中国的法国领事。他是个汉学家,曾依据《百孝图说》将二十五孝子的故事翻译、介绍到欧洲。另外桑原氏的《中国之孝道》一书,是原本刊载在昭和三年(1928)《狩野教授六十一岁花甲之年纪念中国学论丛》中《中国的孝道——从法律上的角度看中国的孝道》一文的单行本。该论文收入《桑原骘藏全集》第三卷(东京:岩波书店,1968年)。——译者注

'孝道'的重要地位，至少是以维系这种家族制度为基础的吧。"

桑原氏的这本著作，一开始就阐明"孝道是中国的国本，也是中国的国粹"。当然，以"孝道"为国体，是针对直到清代为止的旧中国而言。在日本，"孝"被拿来与相对于"君"而言的"忠"结合起来，形成作为国民道德之主干的"忠孝之道德"。这样的孝道及"孝"的教义，都被上溯至孔子，并冠以孔子之名大肆宣扬。就连孝道之经典《孝经》也被视为是孔子的直传。然而，《孝经》和其他儒家经典一样，都是在汉代才形成文本，而现存的正统文本则是以唐代玄宗皇帝御注钦赐的版本为底本的。因此《孝经》就成为以皇帝支配的中国国家为背景的"孝"之教义。于是，"孝"既是家族中的道德，更是上至天子下至庶人必须普遍遵循的道德原理。孝道也就因此成为以皇帝为顶点的中国的国家道德。正如桑原氏所言，孝道甚至可视为中国的国体、国粹。然而，这终归是为了扩展皇权国家而进行的意识形态性的孝道，与孔子在《论语》中所说的"孝"应该没有任何关联。然而尽管如此，由于孔子的话一直被视为孝道意识形态的渊源，我们重读《论语》中的相关言说就变得相当困难，因为那上面总晃动着浓厚的帝国孝道的阴影。但我们不能用追寻帝国孝道之源流的方式来探索孔子的语言，而是必须通过重读，寻求孔子所说的"孝"，即寻求在转变成意识形态的"孝道"之后遗失了的内容。

为政第二·第五章

孟懿子问孝。子曰："无违。"樊迟御，子告之曰："孟孙问孝于我，我对曰无违。"樊迟曰："何谓也？"子曰："生，事之以礼;死,葬之以礼,祭之以礼。"

孟懿子是鲁国大夫,也称仲孙氏、孟孙。此处孟懿子向孔子问"孝",而孔子以"无违"作答的背景,是围绕着鲁国执政者展开的事态。根据诸桥的解说,仲孙氏与叔孙氏、季孙氏三人,是当时垄断了鲁国国政的权势家。他们三人共同瓜分了桓公的权力,因此又被称为"三桓",动辄恣意行使权力,违反礼制的僭越行为很多。诸桥说:"孔子用无违礼即孝道的说法教育孟懿子,也是在暗中警告他的僭越行径吧。"(诸桥辙次:《论语之讲义》)

〔子安译〕孟懿子问孔子如何是孝。孔子回答说:"孝就是不要违背的意思。"孔子对赶车的樊迟说:"孟孙氏问我孝的含义,我回答说就是不要违背的意思。"樊迟问:"这是什么意思?"孔子说:"父母亲还在世时,按照礼制来侍奉他们;父母过世了,按照礼制来安葬他们,然后按照礼制来祭祀他们。"

【朱子集注】

人之事亲,自始至终,一于礼而不苟,其尊亲也至矣。是时三家僭礼,故夫子以是警之,(下略)

朱子认为,通过生事葬祭,一以贯之地按照礼制来侍奉父母,而不是短暂地侍奉父母,就是孝道。这是对僭越君主权威的孟孙氏的告诫之语,教他根据不同的名分,遵循相应的礼节。孝道的确是一种普遍的道德原理。然而,"孝"的实践,例如葬礼祭祀等,都存在着与社会地位相应的具体操作方式。君主有君主之葬祭,士大夫有士大夫之葬祭,庶民则有庶民之葬祭。包含着这些阶层上的差异性的普遍的孝道,就是所谓帝国的孝道了。

【仁斋古义】

　　夫孝者不以饮食奉养为至，而以立身行道为要。故生事葬祭，皆无违于礼，则孝亲之道尽矣。

　　仁斋把"无违礼"解读为不要偏离"道"，即通过对父母的生事葬祭，来保证自己没有偏离正道，始终行正道。孔子教导的是这样的"孝"。

【子安评释】

　　孔子的回答经常因人因时而异，他没有用抽象的、普遍性的事例来解释"孝"。《论语》中的问答，都是根据具体事例给予回答。孔子完全根据具体情况给予不同的回答。在本章中，当时掌权者孟孙氏问"孝"时，孔子给的答案是"无违"。这是针对孟孙所做的回答。对孟孙来说，它才有意义。所谓"无违"的"礼"，是对权力者任意恣肆的行为加以束缚的行为规范，这种行为规范是社会共同承认的，像个钢箍一样能够限制权力。孔子说这句话是在告诉对方：若想要夸耀自己的权势，随意举办葬祭，并将这种行为视为一种孝行的实践，那是大错特错了。孔子的"无违"一语，并不是给"孝"下定义，而是在叩问"行孝"究竟是怎样一回事。然而，后世的解释却将它解读为对"孝"下的定义。朱子就把"人之事亲，自始至终，一于礼而不苟"当成"孝"的根本内容——这是礼教主义国家中的"孝"了。

　　涩泽荣一也把"孝"视为一国结合的强劲的基础。在本章的讲义中，涩泽说："孝乃百行之基，忠臣出于孝子之门。明治大帝敕语中，亦有'汝臣民克忠克孝'句，我国民风淳美，毕竟源于忠孝之二道。……盖一国结合的坚固之根本，即源自一乡之和乐。一乡之和乐，又出自一家之团乐。一家之团乐则产生于子弟之孝道。孝道为

文明社会之不可缺也。若要我国之国体有如金刚不破之身，永世维系，则更须推崇忠孝两道也。"(《论语讲义》)

从上述可知，接受孝道的意识形态的影响的，与其说是德川日本，毋宁说是明治日本。

为政第二·第六章

孟武伯问孝。子曰："父母唯其疾之忧。"

孟武伯是前一章中孟孙之子。这一章有各种各样的读法。我这里列举的是朱子的解读。

【朱子集注】

言父母爱子之心，无所不至，惟恐其有疾病，常以为忧也。人子体此，而以父母之心为心，则凡所以守其身者，自不容于不谨矣，岂不可以为孝乎？（转引自中村惕斋：《论语示蒙句解》）

诸桥也遵照朱子的读法解释道："父母什么都不怕，最担心的就是孩子生病。因此，体察父母的心情，关注健康，这就是孝行了。"(《论语之讲义》)

【仁斋古义】

人子事父母之间，其当忧者甚多矣。然不若疾病之最为可忧也。父母已老，则侍养之日既少。况一旦染病，则虽欲为孝，不可得也。故以父母之疾为忧，则爱日之诚，自不能已。而爱慕之心，无所不至，虽欲不为孝，得乎？

〔吉川译〕除了生病，不要让父母为任何其他事情担忧。生病是不可抗拒的无可奈何。除此之外，都不要让父母担忧。这样做就是孝行了。

【子安评释】

作为针对权势家孟孙之子孟武伯提出的问题所做的回答，上面哪种读法才算合适呢？若是针对行为不谨慎的儿子的话，朱子的回答比较妥当；若针对多行不义的儿子，则古注的解法更为合适。不过如果考虑到"孝"最终是植根于父母与子女间的感情，则我以为朱子的解读更为妥当。

为政第二·第七章

子游问孝。子曰："今之孝者，是谓能养。至于犬马，皆能有养；不敬，何以别乎？"

本章不难理解。朱子是这样说的：言人畜犬马，皆能有以养之，若能养其亲而敬不至，则与养犬马何异？"甚言不敬之罪，所以深警之也"这句话是朱子给加上去的。（《论语集注》）所谓"敬"是与"恭"相同，是尊敬、关心对方。仁斋的解释是："所谓敬者，左右使令，晨省夕定。至于饮食衣服寒暖之节，敬而不怠，是也。"（《论语古义》）孝即无微不至的关心。孔子所说的孝应当也是这样一种关心的态度。

【子安评释】

这里重要的一点是，孔子在以养亲为孝的问题上补充了一句话，或者说补充了一点：要带着"敬"这种关心的态度来奉养，只有奉养父母的"孝"才是真正的人之"孝"。也可以说，孔子的教示正是体现在多加的这句话上。关键是至今没有人补充的这句话，是由孔子加上的。正是这句话，使"孝"成为人之为人的一种重要的道德。我们就这一章中应该思考的，就是孔子如何看待"孝"的成立这个问题。而当"孝"最终被置放于国家道德体系的根基之处，或者成为支持家族制度的意识形态时，孔子补充这一句话的意义就消失殆尽了。

学而第一·第二章

有子曰："其为人也孝弟，而好犯上者，鲜矣；不好犯上，而好作乱者，未之有也。君子务本，本立而道生。孝弟也者，其为仁之本与！"

《学而篇》开篇处的这一章，我在讲义的第二讲"论仁"中已经详细论述。这里再次举出此章，是想从孝悌的角度来解读。本讲开头部分介绍了桑原骘藏的《中国的孝道》一书。其中桑原氏将孔子之教义加以体系化，指出："孝弟为仁之根本，仁为孝弟之发展。然而联系此二者的，实际上是忠恕。孝弟、忠恕、仁等三者在孔子之教义中，呈鼎足之态。"可以看出，桑原的解读是在《学而篇》中本章的基础上形成的，且与仁斋的解读一致。因此我们以此章为"问孝"一题作结。首先我们来看翻译以及仁斋《古义》中的"大注"部分：

〔子安译〕有子说：做人孝敬父母，尊重兄长，而喜欢冒犯上级官长的，少有。不喜欢冒犯上级而喜欢作乱的，从来没有。君子若在根本上下功夫，根本牢牢地建立了，人道也就产生出来。孝敬父母，尊重兄长，就是仁道成立之根本吧。

【仁斋古义】

此章总赞孝弟之为至德也。盖其为人也孝弟者，其性之最美而近道者也，则其必无犯上作乱之事可知矣。此则进德作圣之基本，而可以至于仁矣。仁者，道也。孝弟者，其本也。苟自此本而充之，则所谓道者生生不已，犹有源之水，导之而放于四海；有根之木，培之则可以参天。故曰：孝弟也者，其为仁之本与。可知道云者，乃指仁也。而孝弟其根本也。编者以此置诸首章之次，盖明孝弟乃学问之本根也。有旨哉。

【子安评释】

本章是孔子的得意弟子有子（有若）说的话，也有人认为是孔子说的话。但是，我认为还是应当将其视为有子之言为妥。因为本章对"仁"及孝敬父母、尊重兄长之间的关系做了系统性的说明。有子的"孝弟为仁之本"，以及曾子的"忠恕"，都显示了弟子们系统性地继承孔子教诲的过程。上述引用的仁斋解释，也是建立在有子的这种系统性基础之上的。通过这样一种系统性解释，才形成了儒家的社会的教示体系，而此体系的目的就是追求建立以家族秩序为基础的安定的社会秩序。有子的这段话，展现了这种儒家教示学说形成的一个过程。最后引用桑原的系统性论述作为结论："人爱自己以外的人的这种感情，也就是仁的萌芽，首先是从孝敬父母、尊重兄长的感情中露出端倪的。不过孝敬父母、尊重兄长也只是爱与自己有血缘关联的小范围的人而已。有必要将这种仅限于父子、兄弟之间的小范围的爱，推及一般人众之间这一大的范围。要做到这一点，必须通过忠恕来打破人我之间的差别。如果利用忠恕的力量，把孝敬父母、尊重兄长的心推至极致，那么就能够达到天下一家，四海兄弟的博爱之仁的境界。"（桑原骘藏：《中国的孝道》）

第十讲 怀『德』

近世大阪有钱有势的商人们招聘学者自创学校,这就是怀德堂的起源。"怀德"是什么意思呢?词典上的解释是,"怀德"即慕德,经常在脑子里思考德的问题。《诗经》中的《大雅·生民之什·板》中有"怀德维宁,宗子维城"句,《论语》中也有"君子怀德,小人怀土"的说法。大阪的商人们出于什么缘故,要将自己读书的堂舍冠名为"怀德堂"呢?我们带着这个问题一起来看下面的文章。

里仁第四·第十一章

子曰:"君子怀德,小人怀土;君子怀刑,小人怀惠。"

江户时期的1724年,由大阪商人出资建立的著名的儒学私塾"怀德堂",其命名来自上述的句子。孔子这句话将"君子"及"小人"的对比同"德"与"土"、"刑"与"惠"这样的音近文字[①]相匹配，形成类似双关语的句式，但是对此句的解释则不尽一致。按照"君子"及"小人"的对比，如果简单地将它翻译成现代口语的话，则变成"君子思慕道德，小人思慕土地；君子思慕法规，小人思慕恩惠"（金谷译《论语》）。孔子果真是如此单纯地将君子与小人进行对比么？直接阅读现代语文本的读者们，将如何理解为好呢？这一解读法来自朱子，涩泽荣一据此说："看一个人平生的抱负，则可以判断其是君子还是小人。这种解读无疑失之肤浅。"

【朱子集注】

下面我们先来看一下朱子的解读："怀，思念也。怀德，谓存其固有之善。怀土，谓溺其所处之安。怀刑，谓畏法。怀惠，谓贪利。君子小人趣向不同，公私之间而已矣。"

朱子的解释归结为"君子平生重公，小人平生重私"。这是从中国社会中"公私"的儒家规范意识角度出发解读的结果。或者更应该说，通过这样的解读，公私的规范意识才被创造出来。

【仁斋古义】

仁斋的理解如下："怀，归也。土者，谓身之所安也。刑，法也。惠，恩惠也。"此处，仁斋在这个基础上，将上述词句解读如下："怀于德者，不以利动，唯善是亲也。怀于土者，有恒产者，有恒心也。怀于刑者，心乐仪刑。怀于惠者，唯利是亲。"

"怀"在字典中的解释是：用心思考，怀念，恋慕，胸怀，怀抱。"刑"是法则规范之意，"仪刑"则是规则、范本和模范之意。仁斋据此

[①] 日语中这几组发音相近。——编者注

说:"君子亲德怀德,更亲圣贤之法,遵之而心喜。君子亲德,非仅为其善,亦非以经济宽裕为动机。"由此浮现这样一幅自立的君子像:心慕道德,以之为亲,并对之进行深刻透彻的反思。正是因为这一被普遍认同的君子像,怀德堂便因此得名吧。另外,对仁斋而言,这里的君子指的是有德之人,而不是指在位的君主。君子及小人之间的区别也不是社会阶层的区别。即便是一介商贾,只要心慕道德则为君子。

【徂徕征】

徂徕将君子及小人的对比,视为一种社会的、政治的位置对比,并从统治者与被统治者的统治关系出发解读本章:"君子怀德,则小人怀土。君子怀刑,则小人怀惠。"

徂徕将前半句与后半句进行对照解读。执政者行德政,则人民安于土地,不会逃亡他乡;执政者行虐政,则人民一味地乞求恩惠了。这也算是说得通的理解。

那么,怀德堂之名究竟从何而来呢?从仁斋解读的"只要心怀道德则为君子(市民)"这句话来看,这应该就是"怀德堂"之名的由来吧。

里仁第四·第二十五章

子曰:"德不孤,必有邻。"

【朱子集注】

邻,犹亲也。德不孤立,必以类应。故有德者,必有其类从之,如居之有邻也。

对这句话的解读大都依据朱子的解释。徂徕将其理解为帮助邻人的意思。诸桥的解释是："孔子说：有德之人绝不孤立，必定会有能够感应此德并产生共鸣的人，与己为邻。"（《论语之讲义》）

【涩泽论语】

"有德之人，绝不会遭到他人的排斥而陷入孤立无援的境地。志同道合的人会自发地追随他，犹如家必有邻那般，他们会相互扶助而前行。"之后，他列举了孔夫子等古今事例以为佐证，最后列举帆足万里的例子："九州丰后日出城主木下侯之儒臣中，有一个名字叫帆足万里的大德之学者。年老致仕，相于闲寂之地，隐居于城西三里南田村中一间名为'目割'的村居里。尽管如此，仍有四方学子如雾云集到那里，各自在万里翁住居的周围建构屋舍，逐渐形成了一大私塾，命名为'西庵塾'。门人尊称万里翁为西庵先生。"

雍也第六·第二十九章

子曰："中庸之为德也，其至矣乎！民鲜久矣。"

朱子解："中者，无过不及之名也。庸，平常也。至，极也。鲜，少也。言民少此德，今已久矣。"金谷用现代语翻译为："中庸之道德，具有最高之价值。然而，在人民之中缺少这种道德已经许久了。"（岩波文库）为什么说在人民之中中庸之德已是少有呢？诸桥解释说："过了很长时间，如今实践中庸之道德者几乎不存在了。"（《论语之讲义》）这样就把"民"变成了一般意义上的"人"。只是究竟为什么要在人民之中谈论这种德性呢？

【仁斋古义】

　　中庸之德，谓无过不及，而平常可行之道也。至，极也。三代圣人所谓中者，不过处事得当之意。至夫子加庸字，则为不骇耳目，不拂时俗，万世不易之常道，其意夐别。（《论语古义·小注》）

　　中庸之德，天下至难也。世之论道者，或以高为至，或以难为极。然高者可以气而至，难者可以力而能，皆有所倚而然。唯中庸之德，平易从容，不可以气而至，不可以力而能。此民之所以鲜能也。盖唐虞三代之盛，民朴俗淳，无所矫揉，而莫不自合于道。父父，子子，兄兄，弟弟，夫夫，妇妇，自无诡行异术，相接于耳目之间者。所谓中庸之德也。至于后世，则求道于远，求事于难，愈骛愈远，欲补反破。故曰：民鲜久矣。故夫子特建中庸之道，以为斯民之极。《论语》之书，所以为最上至极。宇宙第一之书者，实以此也。（《论语古义·大注》）

仁斋从《论语》中发现，人们在生活中所行的日常伦理之道，才是真正意义上的至极之道。于是，仁斋才第一次正确把握了本章的旨趣。作为参考，下面引用仁斋《童子问》（上）之中称颂《论语》的一节："盖难知难行，高远不可及之说，乃异端邪说；而易知易行，平正亲切者，便是尧舜之道，而孔子立教之本原，《论语》之宗旨也。昔在孔子旁观古今，历选群圣，特祖述尧舜，宪章文武，尽黜夫难知难行、磅礴广大、不可窥测之说，而立其易知易行、万世不易之道，以为生民之极，传之门人，昭之后世。故《论语》一书，实为最上至极，宇宙第一书。而孔子之圣，所以为生民以来未尝有，而贤于尧舜远者，以此也。"（《论语古义·第五章》）

宪问第十四·第五章

南宫适问于孔子曰:"羿善射,奡荡舟,俱不得其死然。禹稷躬稼而有天下。"夫子不答。

南宫适出,子曰:"君子哉若人!尚德哉若人!"

一起来看朱子的说明:"南宫适,即南容也。羿,有穷之君,善射,灭夏后相而篡其位。其臣寒浞又杀羿而代之。奡,春秋传作'浇',浞之子也,力能陆地行舟,后为夏后少康所诛。禹(夏之祖)平水土暨稷(周之祖)播种,身亲稼穑之事。禹受舜禅而有天下,稷之后至周武王亦有天下。适之意盖以羿奡比当世之有权力者,而以禹稷比孔子也。故孔子不答。然适之言如此,可谓君子之人,而有尚德之心矣,不可以不与。故俟其出而赞美之。"(《论语集注》)最后的一句话,金谷把它译成:"此人真是君子啊!此人真是尊崇德性啊!"

古注说南宫适为鲁国家老南宫敬叔。这与本章中孔子的应对相吻合。然而,无论哪一种解读,本章似乎都没有提出值得深思的问题。只有孔子是在什么背景下论"德",它们之间有何关联等,这些需要思考。孔子论"德",始终是将"德"置放在与权力的政治关联中去论述的。那么本章中论"德",是不是也有着同样的状态呢?

【仁斋古义】

仁斋明显地将道德置于权力的对立面:"尚权力而轻道德,世俗之常态。人皆不知其非也。今适生于鲁卿僭乱之家,而其言如此,则其得于圣门者深矣。盖有见权力之不可恃,而道德之效,非有所求,而其流自远也。"

【子安评释】

我最近偶然在旧书店中找到了为仁斋《论语古义》所做的注疏，就是我在第二讲中引用过的原松堂及原重治氏的大作《论语古义传》（尚友社，1958年）。我此前并不知道有这样一本书。书中自序里写道："执笔写作此《论语古义传》，不禁感到此乃报答仁斋先生恩惠之一法，我视其如同一己之义务与责任那般。拙稿完结于我六十八岁生日之际，见此我也稍稍心安了。"而原松堂在论及本章时这样说："当下民主主义思想与尊重人权、民族自主运动日渐兴盛，以权力武力为主体的帝国主义殖民政策则一步步走向衰颓，这是毫无疑义的。实际上，人类是否真的能够忘却权力、振兴道德，以贯彻自由民主的真意呢？"站在反省昭和大战之立场上的原松堂，用从权力主义向道德主义的转换来理解战后的日本。读到敬爱仁斋的《论语古义传》的著者写的这段话时，我颇为感慨。因为这段话并非来自孔子的语言，而是从将权力主义与道德主义相对置的仁斋那里来的。

诚然，孔子通常是在与权力的政治相关性中论"德"，那么他所说的由"德"而生的政治又如何呢？本章回顾躬行稼穑之事并以此有天下的禹稷，称他们是有"德"之人，政治的目的是为使人民生活安定。然而，政治的目的却屡屡被混同于执政者的权力目的，于是政治就沦为这些人行使权力的过程。孔子弘扬禹稷之德，不就是为了让政治恢复其本来的目的，让执政者醒悟过来，回到执政本来的立场么？执政者之德，就是要想到人民的生活。能够深入思考人民的生活问题的执政者，就是有德的君主，而其所行的政治就是仁政。所谓"仁"，就是能够深入思考他者状况的心理活动及能力。而躬行稼穑之事，就是执政者不断在政治上唤回对政治本来之目的的思考吧！遗憾的是，在孔子眼前展开的，却是建立在牺牲人民的基础上的权力斗争。然而,"知德者鲜矣"(卫灵公篇四)并不是孔子一时的长叹。

宪问第十四·第四章

子曰:"有德者必有言,有言者不必有德。仁者必有勇,勇者不必有仁。"

本章说的是"德"与"言"以及"仁"与"勇"之间的对应关系。把这种对应关系理解成内部具备的德性能够表现在外部的言行中,则是朱子学的理解了。

【朱子集注】

> 有德者,和顺积中,英华发外。能言者,或便佞口给而已。仁者,心无私累,见义必为。勇者,或血气之强而已。

朱子将德与言及仁与勇之间的对应关系,视为有内必有外的内外一致的关系,即内有德,则外必有言;内有仁,则外必有勇。李泽厚也顺着朱子的意思说:"这仍是内(仁、德)外(勇、言)的关系。有得于内,无待乎外,而必外。"(《论语今读》)

【子安评释】

即便朱子没有如此强调内外一致,许多解释者也都把此章理解为,有德者必定会说出善言,而仁者也必定有勇气。金谷氏的翻译是其中的代表:"有德的人也必定会说好话,但是会说好话的人未必都有德;仁者一定有勇气,可是勇敢的人就未必是仁者。"(《论语》,岩波文库)这样的现代口语译法怕是没错的。但是,就算这样的理解正确,回到《论语》原文来看的话,我们从这样的翻译中是否可以了解孔子说这句话的真实目的呢?他是想要教我们"有德者必有善言,仁者必有勇气"这样的一般法则吗?再加上后半部分的反语或倒语,如果译成"有善言者未必都有德"的话,那就变成"说善言者也许是悖德之人"的意思了。当然也并不是说其中就没有"要警惕会说甜言蜜语的人"这样的格言的意思。但是,孔子要表达的真是这个意思吗?从修辞角度看,后半句(反语及倒语)是为了强调前半句(正语及直语)而存在,反语本身不具有任何意义。因此,孔子的这句话就是要表达"有德者必有言"和"仁者必有勇"的意思。仁斋把孔子的这句话解释为:"此专言有德者必有言,仁者必有勇也。"(《论语古义》)孔子的这句话如果重点就在前半句的正语上,那么该如何理解呢?"有德者必有言",即有德者,就是必定会说出该说的话的人。在该说的时候不说的人就不能称之为"有德"了吗?该说的场合,对该说的人说出该说的话的,就是有德者了。因此孔子也提到了勇:"仁者必有勇。"《孔子家语》中有"有德无言,君子以为耻;有言无行,君子以为耻"句。

再引一段孔子关于人之言的话。

卫灵公第十五·第八章

子曰:"可与言而不与之言,失人;不可与之言而与之言,失言。知者不失人,亦不失言。"

从朱子开始到仁斋和徂徕,都几乎没有针对本章做过解释。大概是因为本章属于不言自明的吧。昭和十五年出版的《论语》(新明堂书店)

中，各章都附有详细的评释，只有本章，仅给出一句话："本章乃最应铭记之圣语，应无须多做说明。"既然是"最应铭记之圣语"，却不需多做说明，令人费解。这种情况下还是涩泽荣一的《论语讲义》帮了大忙。

【涩泽论语】

  与应语者，宜与之语。若不与语，则失此应语之人。与不应语者，则不宜与之语。若与之语，则失此应语之言。失人失言，皆因己身之不智。若智者善观人，与应语者语，不应与语者则不与语，则不失人，亦不失言。要之与人相接，先须识人。本章实为处世之必要教训也。

涩泽还举了古今许多事例为证，其中有坂本龙马的例子："德川末年，攘夷说盛行，萨长暌离，朝廷据长州，幕府据萨州。土藩之坂本龙马忧之，说萨藩之西乡吉之助及大久保市藏会长藩之桂小五郎，遂撤墙壁而互提携。由此勤王倒幕之势渐长，襄赞回天之大业。则坂本氏之言，不失人，亦不失言耶。居不久，坂本氏遭刺于京都之客舍，惜哉！"

【子安评释】

所谓"失言"，根据国语辞典的解释是"一不小心说了不该说的话或语言本身"（《新明解》）。《汉和大辞典》中先引用了《论语》中的本章，表达"与本不应与之说话的人说话，搞错说话的对象"之意，接着列举了"说错话，说了不应该说的话，说漏嘴"（《新字源》）等意。我们平时说的"失言"是"说错话""说走嘴"的意思，包括上述引用辞典的解释，都让我们错解了《论语》中"失言"一语的意味。孔子说的是，与不应该说话的人说话是失言，而不与应该说话的人说话，是失去了值得与之说话的人,这两者的意思是相同的。错失值得与之说话的重要的人,意味着既失去了应当说的重要的话,同时又失去了说话的人。所以孔子才说"知者不失人,亦不失言"。朱子仅仅补充了一个"亦"字而已:"不失人亦不失言。必不分解,须见亦字。"(《论语集注》)

第十一讲 「忠信」与「忠恕」

在《汉和大辞典》里查"忠信"一词，其意义用日语表示则为"まごころ（真心）、まこと（真诚）"，更有"'忠'是相对心而言，而'信'是相对言而言"（《新字源》）的解释。换言之，心的真诚是为忠，言之真诚则为信。"忠恕"则意味着"真心与体谅同情之心"。"忠信"与"忠恕"都是《论语》中孔子特别重视的德性之概念。"忠"及"信"被理解为"真心"，或者"真、实、诚"的意思，这是日语的训读方法。"真心"及"真诚"都是日本人非常重视的德性。但是，把"忠信"及"忠恕"训读成"まごころ"或者"まこと"，就意味着将这两个概念通过训读，转换成了日本人喜欢的心性的概念。原本"忠"也好，"信"也罢，还有"恕"，其含义是什么？我们追溯到《论语》中孔子的发言去思考。

一提及"まこと（真诚）"或"まごころ（真心）"，人们会认为，这是自己的心态的把握问题，是真实或诚实的心态的把握问题。然而，"忠信"与"忠恕"，又都是与对他人的关心或行为相关的德性概念。其中也包含着在与他者的关系中人应该如何做才算得上是真实、诚实的问题。而这绝非是一己之心态的问题。《论语》中的"忠信"与"忠恕"，也是在与他者的关系中发生的人的问题。顺便说一句，我们虽然用"诚"字来表记"まこと"，但《论语》中没有"诚"字及其概念，"诚"的概念成立于《中庸》。

学而第一·第四章

曾子曰："吾日三省吾身——为人谋而不忠乎？与朋友交而不信乎？传不习乎？"

程子给"忠信"的定义是："尽己之谓忠，以实之谓信。"这是为人们所广泛使用的定义。仁斋根据古注下的定义是："忠，谓尽中心。信，实也。"上述两种定义，都说的是对人、待人时秉持的诚实的态度。只是秉持诚实的态度是为了做什么，这一点容我们稍后再考虑。本章最后一句按照朱子的读法是："传，谓受之于师。习，谓熟之于己。"也就是有没有好好温习从老师那里学到的东西的意思。仁斋解释为："言凡所传授之事，得无素不讲习而妄传乎？"

曾子名参，是比孔子小四十六岁的弟子，也是孔子学统最强有力的继承者，故《论语》中常尊称其为"曾子"。将曾子的这段话放在《学而篇》的开篇之处，也表明了《论语》的形成过程。

〔子安译〕曾子说：我每天要反省自己三次——为别人考虑时是否尽心尽力？与朋友交往时是否言行相符？所传授给别人的东西，自己实践过了吗？

【仁斋古义】

曾子于此三者，常常无忘于心。又每日三次，辣动兴起，自省其身若此。盖斯三者，皆为人不苟之事。曾子以此自省其身，则古人所以修身者，专以爱人为本，故其所以自省者，亦在为仁，而非如后世之学，以绝外诱屏思虑，为省身之要也。可从而知矣。

仁斋这里所说的是古人眼中的修身、省身，都是专门针对与人交往的关系而言的。我与人之间的爱与信以及由此而生的充实感，是道德世界成立的基础所在。这就是仁斋的立场。

【子安评释】

关于忠信，首先来看一下仁斋《语孟字义》中"忠信"条的解释：

> 程子曰："尽己之谓忠，以实之谓信。"皆就接人之上而言。做人之事，如做己之事，谋人之事，如谋己之事，无不尽一毫，诚可谓忠。有便曰有，无便曰无，以多为多，以寡为寡，不增减一分，诚可谓信。

实际上，仁斋这条"忠信"解，基本上依据朱子学术语词典《北溪字义》（陈北溪《四书性理字义》）①。我们来仔细看两者之间重叠及交叉的部分。另外，"忠信"日语译为"まごころ"，是一种心态的概念。一起来看，朱子学是如何对心态的概念做出透彻的论理式说明的。

> 忠信二字，自古未有人得解分晓。诸家说忠，都只是以事君不欺为言。夫忠固不能欺，而以不欺名忠则不可。如此，则忠之一字，只事君方使得。说信又只以不疑为言。信固能不疑，而以不疑

---

① 参陈淳：《北溪字义》，北京：中华书局，1983年。——译者注

解信则不可。如此，则所谓不疑者，不疑何事？直至程子曰："尽己之谓忠，以实之谓信。"方说得确定。尽己是尽自家心里面，以所存主者（自身所持之本心、良心）而言，须是无一毫不尽方是忠。如十分底话，只说得七八分，犹留两三分，便是不尽，不得谓之尽。以实是就言上说，有话只据此实物说。无便曰无，有便曰有。若以无为有，以有为无，便是不以实，不得谓之信。忠信非判然二物。从内面发出，无一不尽是忠。发出外来，皆以实是信。

这段话相当绕口，朱子学的言说都具有这样的特性。冗赘啰唆，体现的是论理式说明的彻底性。这种表达方式是日本儒家所没有的。仁斋的"忠"与"信"说到底是对人关系中的慈爱，没有虚伪的诚实。与之相对，陈北溪则认为：从自己内心发出的终极性发言，是"忠"，而这一发言本身具有可被证实的准确性，也就是用实物作为证言的依据的彻底性，就是"信"。

学而第一·第八章

子曰："君子不重则不威，学则不固。主忠信，无友不如己者，过则勿惮改。"[1]

根据朱子的立场翻译如下：

---

[1] 子安援引的《论语》原文如此，杨本句读为："君子不重，则不威；学则不固。主忠信。无友不如己者。过则勿惮改。"

〔子安译〕孔子说：身为君子，若不以厚重自持，则不能保持威严，其学也不能巩固。以诚实交友，不将比自己差的人作为求道之友，因其对求道有害无益，若犯错，则改之而不可踌躇不决。

对朱子而言，君子指的是应当参与政事的士大夫，而他们同时也是求道求学的人士。孔子之言也被理解成是面向君子而发的教示。若构成并支撑着儒家立场的是这些士大夫的话，朱子这样的解读毫无疑问会得到人们的赞同。但是，不将本章视为执政者阶层专属之物的读法又是怎样的呢？我们一起来看看仁斋的解释。

仁斋认为本章中的话不是孔子一次性说完的，而是在不同时期、不同地点做的教示，或者说是人们后来将孔子平常所说的一些话编辑整理成一个章节。仁斋认为，一般来说君子指的是有德之人，但是本章所言的君子，除第一句话以外，其余则是指执政者或士大夫。

〔子安译〕孔子教导说：居于上位者，若没有厚重及威严，则人民不会尊敬他。孔子还教导说：博学能开知见，通世情，遇事不会冥顽不灵。另外，求道，行忠信，也就是对人要以诚实为本。这也是先生常说的话。先生还常教导说：要与比自己优秀、值得自己尊敬的人做朋友。还有，经常自省，若发现错误要勇于改正。

这里是依据徂徕的立场来训读的。徂徕也认为君子终究是指在位者，是追求先王之道并求学之人。但是在此基础上，徂徕引申出一种很有意思的独特见解：

孔子说：若非国家要事，则君子不必秉持威严来处理；广泛学习，不要固守一家之见；亲近忠信之人，不要把不如自己的人视为朋友，并向他学习；若择友不慎，就不要犹豫着不去改正。

最后列举的是宫崎市定的现代口语翻译：

孔子说：诸君不可有莽撞冒失的态度，否则，会被人轻看。做学问不要过于偏执。对朋友要诚心诚意地交往，不配你这样对待的人，不要把他当成朋友为好。有过失，要迅速干脆地道歉。(《论语之新研究》)

里仁第四·第十五章

子曰："参乎！吾道一以贯之。"曾子曰："唯。"子出。门人问曰："何谓也？"曾子曰："夫子之道，忠恕而已矣。"

关于本章在第三讲"论道"中已经有了详细论述。在此我们以仁斋的"忠恕"观为中心重新来读一下：

【仁斋古义】

盖忠以尽己，则接人必实，而无欺诈之念。恕以忖人，则待物宽宥，而无刻薄之弊。既忠且恕，则可以至于仁矣，岂复有他歧之可惑者乎哉？故夫子曰，吾道一以贯之，而曾子特以忠恕明之。其有旨哉！

忠恕二者，乃求仁之至要，而圣学之所成始成终者也。盖忠恕所以一贯之也。

【子安评释】

仁斋认为，对人尽到自己的全心全力就是忠；胸怀着关心体贴的心情去与人交往，并站在对方的角度思考问题，就是恕。仁斋更将此"忠恕"视为孔子关于"仁"之教诲的根本部分。因此曾子认为，贯穿了孔子之道的正是"忠恕"。这里有一个重要的问题，即孔子之道的根本，也就是最重要的东西究竟该从哪里找的问题。仁斋是将其理解为一种日常生活中的基本道德，也就是"忠信"与"忠恕"这一日常对人关系中的情感与诚实。

伊藤仁斋是京都町人出身的儒家学者。江户时代无论是町人，还是农民或武士，只要有志于学，都可以成为学者。这是日本江户社会值得引以为豪的地方。学者本居宣长也是出身町人。出身町人的学者读《论语》时，其读法就会出现不同。仁斋就是在"人伦日用之间"这样的人与人日常交流的语境中解读《论语》的。正是从这样的立场出发，使他对孔子之道以"忠信""忠恕"作为根本的理解。仁斋始终坚持从这一立场出发，彻底地对《论语》进行解读，成就了自己独特的价值。这是他了不起的地方。

公冶长第五·第二十八章

子曰："十室之邑，必有忠信如丘者焉，不如丘之好学也。"

〔子安译〕孔子说："有十户人家的小村子里，一定会有像我这样诚实可靠的人。只是像我这样喜欢学习的人，不多见罢了。"

本章如译文所示，人们从来没有诚实地接受过孔子本身好学的这一事实。之所以这样说，是因为把孔子当成生而知之的圣人的想法，妨害了对这句话的真实含义的理解。

【朱子集注】

夫子生知而未尝不好学，故言此以勉人。言美质易得，至道难闻，学之至则可以为圣人，不学则不免为乡人而已。可不勉哉？

【仁斋古义】

仁斋对此章的解释是："此叹美质之易得，而好学者之甚难得也。"只是作为圣人，孔夫子才多了好学这一条。仁斋认为，正是这一条让孔子远远超越了其他的圣人。

【子安评释】

本章中孔子首先指出，自己是村子里也能找到的诚实正直的人，换言之，诚实是非常重要的。在此基础上，如果有不同于他人的地方，第一条就是自己好学。我认为，孔子用来限定自身的这两条都很重要。对人诚实，也就是忠信，是人与人之间的日常道德。忠信者在一个村子里也能找到。因为孔子将这种忠信作为道德之本，所以孔子认为自己跟村子里的忠信者是同样的人。在此基础上，孔子将自己作为好学者加以特征化。他说自己喜欢学习。所谓"学"，就是学古，学前人之遗文，以及广泛地学习前人的见闻。孔子同多数诚实的人一样，是忠信之人，但同时孔子又说自己比任何人都好学。正是好学这一点使孔子成为实实在在的孔子。我们不能将其理解成圣人之所以为圣人的理由，因为这样的话，就会让我们错失本章所传达的孔子之圣人观中重要的信息。

第十二讲 死生·鬼神

《论语》中记录了孔子在颜渊死时发出的感慨（先进篇九），因为有了这句话，《论语》对我而言就像是一本珍贵的书。孔子的这句话中没有教诲的意思，而只是表达了他对爱徒颜渊之死的悲伤。然而，这句话却比任何教诲更打动人心。我们直接在这一章中解读孔子的悲伤吧。

本篇中孔子的几处发言是在问与"死生"及"鬼神"相关的问题。"鬼神"即"天神·地祇·人鬼"，也就是作为祭祀对象的神灵的存在。"鬼"是死去的人，或者说是死者之灵，而不是日本人常说的"恶鬼"（おに）。"鬼"是死去的人这一含义，从"入了鬼籍"这句话就能看出来。因此在中国的祖先祭祀的传统中，"鬼神"应被理解为死者之灵魂，尤其是祖先之灵，即"祖灵"。祭祀祖先的传统在中国由来已久，是与社会共同体同时形成的传统。获生徂徕就说，人类的共同体就是在对祖灵进行祭祀的共同体的基础上形成的。

孔子现在重新对鬼神祭祀发问。《先进篇》第十二章中，孔子与弟子之间第一次就"事鬼神"进行重问。也就是说，关于"鬼神（死者之灵）"及"死后"的问题，又被孔子重新问了一遍。于是对本章的解释本身，也就相应体现出各人对"死后"及"鬼神"的不同理解与认知（鬼神观）。

先进第十一·第九章

颜渊死。子曰："噫！天丧予！天丧予！"

在第五讲"论天"中我引用过本章。在讨论"死生"的问题时，我必须先从这章说起。

【仁斋古义】

此悼颜子死，而叹学之将绝。（中略）自古王者之兴，天必与之贤佐。圣贤之兴，天亦必生之羽翼。两者必有奇遇。夫发圣人之蕴，而万世无穷者，颜子其人也。今而早死，夫子之发叹也宜矣。

【子安评释】

尽管颜渊死时孔子发出"天丧予"的感叹是理所当然的，但仁斋更进一步挖掘孔子会发出"天丧予"的感叹之内在缘由。自己原期望甚殷的颜子死去，导致学脉中绝，因此形诸这样的言辞。但是难道我们不应当看到，这句话中表现的，正是为自己如此珍爱的弟子之死而恸哭的孔子的悲伤么？"知我者其天乎"，孔子面对自己终极信仰的"天"，才发出了"天丧予"的感叹。"啊，我被天抛弃了！"这句话表现了孔子心中终极的挫败感。从仁斋等人的注释的语言来看，他们过于重视寻找孔子悲伤的理由，却无形中忽略了孔子的悲伤。

朱子将"噫"解为"伤痛声"，解释本章为"悼道无传，若天丧己也"（《论语集注》）。朱子的传人们更进一步解说如下："夫子之道，赖颜子以传者也。颜在则道有传，孔子他日虽死亦如不死。颜子死，则道无传，孔子今日虽未亡而已亡。故不谓天丧回，而谓天丧予。良可悲矣。"（陈新安）就算理解了孔子说这句话的理由，也不等于就读懂了孔子说这句话时的悲伤。让我们一起再来看看孔子恸哭的身影吧。

先进第十一·第十章

颜渊死。子哭之恸。从者曰："子恸矣。"曰："有恸乎？非夫人之为恸而谁为？"

【朱子集注】

夫人，谓颜渊。言其死可惜，哭之宜恸，非他人之比也。

先进第十一·第十一章

颜渊死。门人欲厚葬之。子曰："不可。"门人厚葬之。子曰："回也视予犹父也，予不得视犹子也。非我也，夫二三子也。"

【朱子集注】

丧具称家之有无，贫而厚葬，不循理也。（中略）叹不得如葬鲤之得宜，以责门人也。

〔子安译〕颜渊死了。门人们想厚葬颜渊。孔子说这不合适。虽然先生这么说，但是门人们还是厚葬了颜渊。孔子说：颜回平日里视我如同自己的父亲，但是我却不能葬他如同葬我自己的儿子。我应当像葬我自己的儿子那样相应安葬他，但是我却做不到。是颜回的同门师兄弟们这样厚葬了他。

【涩泽论语】

（意译孔子的话如下：）

　　颜回平生视予如父，予亦视颜回如子，然予却未能葬回如葬予之子鲤。行过度之厚葬者，恰如予不得视其为子也。甚憾！然此非予之所为，乃此二三子厚情之失也。回于地下必可谅之。

【子安评释】

此章言简意丰，特别是孔子最后说的那句话，引发多种多样的理解。不过其中我们可以读到的，除了孔子对颜回的深情厚谊，还有孔子对丧葬形式进行反思的姿态。仁斋是这样解读的："盖丧具称家之有无，礼与其奢也宁俭（八佾篇四）。君子之爱人以德，细人之爱人以财。门人徒知爱颜子，而不知所以爱颜子。惜哉！颜子门人①，犹不免于厚葬之非……"（《论语古义》）

雍也第六·第十章

　　伯牛有疾，子问之，自牖执其手，曰："亡之，命矣夫！斯人也而有斯疾也！斯人也而有斯疾也！"

　　〔子安译〕伯牛患了重病。孔子去看他，从窗户伸进手去握住他的

---

① "颜子门人"，原文如此。公认此处"门人"应指孔子门人。——编者注

手说:"这个人已经没有救了吗?天命啊!这样的人得这么重的病!这样的人得这么重的病啊!"

【朱子集注】

伯牛,孔子弟子,姓冉,名耕。有疾,先儒以为癞也。(中略)命,谓天命。言此人不应有此疾,而今乃有之,是乃天之所命也。然则非其不能谨疾而有以致之,亦可见矣。

【仁斋古义】

仁斋的意见基本上和朱子一致:"此孔子惜伯牛之死而言。伯牛之贤,不应有此疾,而今乃有之,是非其不能谨疾,而有以致之,实天之所命。而虽贤者,亦所不免也。则知彼不尽其道而死者,皆不可言命也。"

【李泽厚论语】

"命"者,偶然性也,既非宿命,也非神意。即使尽力而为,也总有各种不可抗御、不可预测的偶然。人生常如此,只有深深感慨而已。

【涩泽论语】

至今为止与余长年相交者中,思其将来必有所成,而闻其早逝,诚为叹惋之事,屡屡有之。举例而言,水户藩藤田东湖君之四子小四郎,二十四岁时因武田耕云斋之乱而获斩首之刑。余闻之,不禁生此人何以遭此灾厄之爱惜叹惋之思。

先进第十一·第十二章

季路问事鬼神。子曰:"未能事人,焉能事鬼?"曰:"敢问死。"曰:"未知生,焉知死?"

〔子安译〕子路（季路）问如何事奉鬼神。孔子回答："活人都不能得到很好的事奉，焉能事奉死人的灵魂呢？"子路硬着头皮继续询问关于死的问题。孔子回答："不懂得生，怎么能懂得死呢？"

【朱子集注】

问事鬼神，盖求所以奉祭祀之意。而死者人之所必有，不可不知，皆切问也。然非诚敬足以事人，则必不能事神；非原始而知所以生，则必不能反终而知所以死。盖幽明始终，初无二理，但学之有序，不可躐等，故夫子告之如此。

朱子这样解读本章之后，引用了程子的话："昼夜者，死生之道也。知生之道，则知死之道；尽事人之道，则尽事鬼之道。死生人鬼，一而二，二而一者也。"

【参考】

为了解朱子等宋代儒者的鬼神观，我们来看一下朱子对《中庸》鬼神章中"鬼神"的注释。"子曰：'鬼神之为德，其盛矣乎！'视之而弗见，听之而弗闻，体物而不可遗。"（中略）"程子曰：鬼神，天地之功用，而造化之迹也。张子曰：鬼神者，二气之良能也。愚谓以二气言，则鬼者阴之灵也，神者阳之灵也。以一气言，则至而伸者为神，反而归者为鬼，其实一物而已。"（《中庸章句》第十六章朱注）

朱子学派将鬼神解释成阴阳二气及其运动与现象；生死亦与之同。他们用自然哲学的方式解释鬼神和生死。也就是说，他们试图用自然哲学的道理来理解这些现象。人也好，鬼也好，生也好，死也好，都是视为同一个道理，因此有"死生人鬼，一而二，二而一者也"的说法。参照下文我的评释。

【仁斋古义】

此言能事人，则得事鬼。能知生，则得知死。其意盖若日务事人，而勿诣鬼神。尽生存之道，而勿求死之理也。夫子抑之深矣。盖仁者务用力于人道之所宜，而智者不求知其所难知。苟用力于人道之宜，而又能尽生存之道，则人伦立矣，家道成矣，于学问之道尽矣。

夫子于鬼神之理，未尝明说。及乎答樊迟①、子路，略露其意。而于死生之说，终未尝之言。盖非不言之，本非所以为教。故不言也。此夫子之所以度越群圣，而为万世生民之宗师也。记礼之书，屡载夫子论鬼神之言。《系辞》又曰：原始反终，故知死生之说，可知皆非圣人之言也。

【徂徕征】

事鬼神之道，孔子何尝不言。尝曰：生，事之以礼，死，葬之以礼，祭之以礼。（为政篇五）是也。至于子路问事鬼神，孔子所以不告者，盖子路之心在知鬼神。故曰：未能事人，焉能事鬼，所以抑之也。子路果问死。孔子曰：未知生，焉知死？盖死者不可言者也。夫人之知，有至焉，有不至焉。孔子未死，子路未死，假使孔子言之，不能俾子路信，子路亦不能信。是无益之事也，故孔子不言焉。然人之知，有至焉，有不至焉。它日宰我问之，则言

---

① 樊迟问知。子曰："务民之义，敬鬼神而远之，可谓知矣。"（雍也篇二十二）——译者注

之。①《易·大传》又曰：原始反终，故知死生之说，精气为物，游魂为变。是故知鬼神之情状。且圣人不知鬼神，不知死，则安能制作祭祀仪礼之道。故曰：未知生，焉知死。言知生则知至焉。宋儒纷纷欲以理明之，其说终归无鬼矣。务腾口舌之失也。仁斋辈又因此而疑《系辞》，诋三代圣人，可不谓妄乎？且其言曰：鬼神非所以为教也。夫圣人以神道设教（《易·观卦》），鬼神岂非所以为教乎？盖其人亦以腾口舌为教，故有此言，陋矣哉！

【子安评释】

《论语》中孔子关于鬼神论的言说，可以说是一种原鬼神论。围绕着这一言论展开了三种不同的鬼神论。首先是朱子的鬼神论，接着是仁斋批判朱子的言论，最后是徂徕批判仁斋的言论。关于这三种鬼神论，在拙作《鬼神论》（新版，白泽社，2002年）中有详细的讨论。

朱子试图从自然哲学的立场来理解鬼神。人的生与死，生前的状态与死后的状态，被比喻成白昼与黑夜，用阴阳二气的区分来理解。我称之为一种"解释性的鬼神论"。虽然也有人称之为"无鬼论"，但事实上朱子并没有说无鬼。他在理论上认为，鬼神是阴阳二气的自然现象，但是在祭祀的场合，鬼神显然是存在的。朱子并没有否定祭祀场合中鬼神的存在。他不过是提出一种解释而已。

仁斋向来把人的立场限定在人生存的世界中人伦之范围内，因此他

---

① 宰我曰："吾闻鬼神之名，不知其所谓。"子曰："气也者，神之盛也；魂也者，鬼之盛也；合鬼与神，教之至也。众生必死，死必归土，此之谓鬼。骨肉毙于下，阴为野土。其气发扬于上，为昭明，焄蒿凄怆，此百物之精也，神之著也。因物之精，制为之极，明命鬼神，以为黔首，则百众以畏，万民以服。"参《礼记正义·祭义》，郑玄注，孔颖达疏，上海：上海古籍出版社，2008年。——译者注

将鬼神及死后的问题推到幕后。仁斋认为，应敬鬼神而远之，死后的问题本就不应作为知的对象。仁斋的立场是对鬼神、死生的问题的一种现代理性主义立场，我称之为"无鬼论"。特别值得关注的是，仁斋认为孔子超越群圣之处，就在于他不讨论鬼神及死后的问题。

徂徕把论鬼神的孔子与仁斋的说法对立起来。他引用了《易·系辞》及《礼记》中的部分段落，并指出其中明显展现了孔子对鬼神实际状况的了解。此时徂徕说，有可以到达的知与不可以到达的知。可以到达的知，就是制作"礼乐刑政之道"的圣人的知。而只有了解鬼神之实际状况的圣人，才能制订出祭祀鬼神之"礼"。正是通过这样的祭祀，人们才得以了解鬼神的存在。徂徕的鬼神论是一种鬼神祭祀论。徂徕认为，对社会教化而言，鬼神祭祀具有相当重要的意义。我称徂徕的观点为"有鬼论"。

仁斋和徂徕在鬼神方面的分歧点，事关他们在《论语》、孔子与古代先王之间关系问题上的不同意见。仁斋看到的是孔子在道德的语境中重审古代对天及礼的认知，可以说他正是在这一点上发现了孔子的伟大之处。徂徕则认为孔子的功绩在于继承与重构古代先王对天与礼的认知。于是就出现了分歧，仁斋认为《礼记》等文本中的鬼神说并非孔子的遗言，而徂徕则将它视为先王之古说加以推崇。

第十三讲 身为「君子」

19世纪初,黑格尔在《历史哲学讲义》(*Philosophie der Weltgeschicte*)① 中谈论世界史时,阐明了东西方的比较文明人类论,即欧洲基督教世界更重视人的内在性,相对而言,亚洲,尤其是中国则更重视人的外部。这一内在的人性观与外部的人性观之间的对比,基本上限定了此后欧美比较文明论或比较文化观的理论走向。我们最熟悉的例子,也是最近的例子,就是露丝·本尼迪克特的《菊与刀》将欧洲文明指向人性内在的"罪之文化"与日本指向人性表面的"耻感文化"二者对置。《菊与刀》以这种比较文化的方法分析了日本人的心理,并成为美国制定占领日本的政策的重要资料依据。不仅如此,《菊与刀》还促进了战后日本人反省的自我认识。

与《菊与刀》之思想原型相同的,还有20世纪初宗教社会学者马克斯·韦伯的学说。韦伯也将重外部秩序感的儒教君子形象与重内在秩

---

① 较为广泛接受的本书中译本名为《历史哲学》,王造时译,北京:商务印书馆,1963年。——编者注

序感的基督教人格相对置。例如，他说："像模范的清教徒那样，有中心而发自内在的宗教所秩序化的合理性的生活方法论，原本在中国人那里并不存在。""儒教徒那种严格克己，是为了保持外在的举止行为的威严，也就是保持'面子'。"（《儒教与道教》第八章"结论——儒教徒与基督清教徒"①）而《论语》中的"君子不器"则说明，儒教的人格理想"高贵的人"，也即君子，"不是一种'道具'。也就是说，为了适应世俗的要求而进行自我完善，以此达成的高贵的人格，这是一种终极的自我目的。无论其属于何种类别，都绝不是为了任何具体目的的一种手段。构成儒教伦理的这些核心命题，其实排斥了专业化以及现代的专业官僚制、专业教育，特别是以营利为目的进行的经济演练。基督教清教反对这种人格崇拜式的自我完成规律，而是完全反过来，在世俗与职业生活中存在的各种特殊的具体目的中确立自己的救赎"（同上）。于是，基督教清教孕育出与现代合理性的社会相适应的专业人才，而儒教则推崇以成为非专业的、有教养的人才为目的的自我完善之道。理想的有教养的人格"与一切合理性行为的能量无关，不论是军事的还是经济的"（同上）。

就这样，马克斯·韦伯认为，中国无法建立现代的合理性的社会，与儒教的人格理想有关。我不赞同对亚洲的这种解读。因为它将亚洲视为他者，视为欧洲镜像的反面（即所谓"东方主义"）。欧洲比较文明论中的亚洲形象，是欧洲为了建立自我形象而制作的镜像。我们先记住欧洲对儒教君子形象的这种解读，再来考虑"孔子通过君子与小人的对

---

① 此处译文由日文原文直译：参考译本为马克斯·韦伯著《儒教与道教》，洪天富译，南京：江苏人民出版社，1995年。——译者注

比，究竟想表达怎样的人格理想"这个问题。

"君子"既指在位的君主，也指有德之人。孔子及其弟子确实属于士大夫这一执政者阶层，其发言也都是针对以君主、诸侯为首的执政者阶层而发。但是，孔子教导弟子们要"成为君子"，他告诉他们，有一种称为"君子"的理想人格。《论语·学而篇》第一章中，孔子说："人不知而不愠，不亦君子乎？"由此我们可以知道：不受世间毁誉褒贬左右，是人应该具有的品格。

为政第二·第十二章

子曰："君子不器。"

【仁斋古义】

器者，用而有适之谓。言君子之德，可大用，而不可小用。君子虽道宏德劭，无施不可，然或有于事不能者。若孔子不学军旅，不能辞命之类，可谓不适其用矣。然而论圣人之才之德，则不在是。故孔子曰："君子不可小知，而可大受也。"（卫灵公篇三十四）若夫广综众艺，精干小事者，人之所悦，而致远恐泥。不可以此论君子也。

仁斋说君子应该是深谋远虑，有成大事之才德的人。这并不是单纯作为有教养者自我完善的理想，而是一种对社会而言很有必要的拥有大的知性的人。

【朱子集注】

器者，各适其用而不能相通。成德之士，体无不具，故用无不周，非特为一才一艺而已。

朱子将君子视为具有广泛用途的存在。能够应付一切场面，应对一切要求。具有这种能力的人才算得上君子。

【徂徕征】

　　大德不官，大道不器，大信不约，大时不齐。察于此四者，可以有志于本矣。不器见于此。器以性殊，故喻以切磋琢磨。故用人之道，器使之。君子者长民之德，所以用器者也，故曰不器。

君子，即在位之人，其立场是使用具有特殊能力（器）的众人。故徂徕说"君子不器"。

支持徂徕的这一理解的篇章有《子路篇》：

子曰："君子易事而难说也：说之不以道，不说也；及其使人也，器之。小人难事而易说也：说之虽不以道，说也；及其使人也，求备焉。"（子路篇二十五）

〔子安译〕孔子说：事奉君子很容易，但是要取悦他是很困难的。如果方法不合乎道，则他不会觉得高兴。而君子会根据人的具体才干来任用，所以很容易事奉。反过来，事奉小人就很困难了，但是要取悦他则很容易。就算使用的手段与道不符，他喜欢的话就会高兴。再加上小人用人，总是把人当成万能的来使用，因此要事奉小人是很困难的。

【涩泽论语】

　　只要是人，能够根据其才能来任用，那么任何人都可以发挥作用。筷子有筷子的作用，笔有笔的作用，就如同按照各自的能力来使用一样，人也必定有属于自己的一技之长。如果是具有非凡才识的人，则没有那种具体的一技之长，而是拥有万般通达、无可估量的恢宏大度。在此，我想谈谈我自己对"维新三杰"的看法。我最讨厌大久保利通侯爵。虽然我非常讨厌他，但每次看到他日常生活的样子时，我会情不自禁地想，所谓"不器"，大概就是说侯爵这样的人吧。（中略）西乡隆盛公也是很有才识的非凡人物，是个"不器"的人。同为不器之人，但西乡公与大久保侯爵有很大不同。总之，西乡公是位非常亲切、富有同情心的人，令人一见就颇有亲近的感觉，但平生至寡默，很少与人交谈。从外表来看很难判断他到底是个伟大的人，还是迟钝的人。不过，超越了贤愚界限不正是君子之情操所在吗？

涩泽在演讲中常以战国乱世或变革时代的人物为素材，但其《论语》的评释部分则总是以维新人物论为主体的。

【李泽厚论语】

人"活"着不是作为任何机器或机器（科技的、社会的、政治的）部件（中略）这是从哲学说。从社会学说，"君子不器"在中国传统社会里，是说明士大夫（以占有土地为经济来源）作为"社会脊梁"，不是也不可能和不应该是某种专业人员。他们读书、做官和做人（道德）是为了"治国平天下"，其职责是维系和指引整个社会的生存。到20世纪，现代中国知识分子在内忧外患的特殊环境下（中略）仍在扮演这种"脊梁"角色。（中略）但如果真正进入现代社会，（中略）知识分子只是作为某种分工很细的专业人士，（中略）成为这个社会的各种器官而已。因此，"君子必器"。

这是概而言之，实际情况当然更复杂。第一，专门家中也仍然有越出其专业范围，研究和发表对"全局"（世界、国家、人类、社会）看法、意见的人，即"不器"的"君子"。第二，即使不发表，也不妨碍对其专业之外的许多问题有兴趣、有关怀。在这些意义上，又仍然可以说"君子不器"。对中国来说，现在正处在从以"士大夫－知识分子"（即"君子"）为主导和骨架的传统社会转到以中产阶级为主导和骨架的现代社会的行程中。它们带来的种种现象和问题，包括如"使命感"的失落和专业化的加强，（中略）便正是这种由"君子不器"到"君子必器"的过程表现。（下略）

为政第二·第十四章

子曰："君子周而不比。小人比而不周。"

【朱子集注】

周，普遍也。比，偏党也。皆与人亲厚之意，但周公而比私耳。君子小人所为不同，如阴阳昼夜，每每相反。然究其所以分，则在公私之际，毫厘之差耳。故圣人于周比、和同、骄泰之属，常对举而互言之，欲学者察乎两间，而审其取舍之几也。

〔子安译〕君子与人亲切地交往，但是不会结党营私。小人除了结党营私之外，不交往。

【涩泽论语】

今天政党的结成可谓蔚然成风。然君子组织政党，则普遍而不偏袒，以利国家利民利人。反之，小人组织政党，偏袒而不普遍，以谋自家一派一别之私利，而荼毒国家人民。

子路第十三·第二十三章

子曰："君子和而不同，小人同而不和。"

【朱子集注】

和者，无乖戾之心。同者，有阿比之意。尹氏曰：君子尚义，故有不同。小人尚利，安得而和？

朱子的解释，是一种将"君子喻于义，小人喻于利"（里仁篇十六）与本章折中后的理解。遇事以义为原则，与人相和的是君子，反之以自利为前提，对别人阿谀奉承、追求表面一致的是小人。《论语》注释的其中一种方法，就是将《论语》视为孔子教示的一个完整体系，其内部各章可以相互引证。但是这种解释方法如果做过了头，则会失去各个章节独立的意味，结果形成用彼章解释此章，用此章解释彼章这样一种循环的解释方式。

〔诸桥译〕君子在任何场合都追求与人的和睦，以此来处理事情，但是不追求与人雷同；小人则相反，他们喜欢和人雷同，却不喜欢与人的和睦。

【徂徕征】

徂徕试图以本章解释君臣之间的"和"与"同"之差异。他引用《晏子春秋》及《春秋左氏传》中景公与晏子间围绕"和"与"同"展开的问答，解说如下：

君所谓可，而有否焉。臣献其否，以成其可。君所谓否，而有可焉。臣献其可，以去其否。是以政平而不干，民无争心。

(中略)今据不然，君所谓可，据以曰可。君所谓否，据亦曰否。若以水济水，谁能食之。若琴瑟之专一，谁能听之。同之不可也如是。

君臣间之"和"与"同"的差异，诚如徂徕所言。

学而第一·第十四章

子曰："君子食无求饱，居无求安，敏于事而慎于言，就有道而正焉，可谓好学而已。"

〔子安译〕孔子说：君子不求吃得足饱，也不求住得安逸，行事迅敏，不妄言，追随得道的前人们，随时纠正自己的行为，作为君子，最重要的应该是喜欢学习吧。

【子安评释】
这里说的是君子的品行构成问题。从孔子这句话来看，与其说君子是一种人格理想，不如说是一种人的品行。孔子想教给我们的是，在现世所期盼的各种价值的序列之外，还有一种构成人的品行差异的价值。这句话让我们重新思考君子究竟是什么的问题。

雍也第六·第十三章

子谓子夏曰："女为君子儒，无为小人儒。"

【朱子集注】

儒，学者之称。程子曰："君子儒为己，小人儒为人。"

【参考】

子曰：古之学者为己，今之学者为人。（宪问篇二十五）

【涩泽论语】

以经世济民为我之天职之儒者，称为君子儒；仅以谈论文艺为职业者，称小人儒。（中略）我邦可称为君子儒之第一人者，乃新井君美（号白石）也。君美侍奉德川六代将军家宣处，以直言进谏幕府政治，成就货币改革而为人所知。

【子安评释】

本章的理解是依据如何把握身为儒者的自觉性而来的。孔子学习古代文化过程中，重新叩问"人"的问题，以及礼乐文化的问题。这一重新叩问的过程，有时是他独立完成，有时是与弟子们一起完成，并将所得告知弟子。孔子重新叩问了"儒"的问题。所谓"君子儒"，指的是对"儒"的定义进行重新叩问的孔子自身的状态。所谓"小人儒"，则指通过这种重问而被舍弃了的原有的"儒"的状态。后者可能是仅仅精通古代典籍的人，或是仅仅承担祭祀典礼的人。白川静氏将小人儒视为巫、祝（原始的儒者）。但无论如何，这句对子夏说的话本身，就是敦促人要进行反省式的叩问，并不是要回答君子儒是什么的问题。孔子实际上说的大概是："子夏啊，你要自己去叩问君子儒究竟是什么。要自己去寻找问题的答案。否则你就仅仅是个小人儒而已啊。"

第十四讲 学"文"

《论语》中的很多概念，我们现在已经很难理解。有些概念原本的意义已经不传，有些意义发生了变化，有些概念的部分意义产生了偏差，有些又被附上了新的意义，等等。"文"就是这样一个概念。我们今天说"文"，首先意指用文字连缀而成的文章，或者是相对于"武"的一种概念。再就是可以列举"文"字构成的一系列词语，例如文化、文明、文学、文艺等等。然而我们今天手头的"文"之概念中，是否还包含着"子以四教：文、行、忠、信"（述而篇二十五）中所说的"文"的意义，或"行有余力，则以学文"（学而篇六）的"文"呢？让我们先来思考一下孔子的"文质彬彬，然后君子"这句话吧。

雍也第六·第十八章

子曰："质胜文则野，文胜质则史。文质彬彬，然后君子。"

朱子注云："野，野人，言鄙略也。史，掌文书，多闻习事，而诚或不足也。"现在我们看一下诸桥的翻译：

〔诸桥译〕质朴胜过了文饰，则此人品格陷于粗野卑陋；相反，如果文饰胜过了质朴，则此人品格欠缺诚实——换言之，类似于史官这样的人。这样的话，如果不是得到质与文之中庸之道的人，总难免过于偏重一方的弊害。只有文与质二者频繁地交融，才可以算得上是君子。

【子安评释】

诸桥氏的翻译以朱子注释为基础，体现了中庸之道的理解。只是诸桥的"彬彬"是文与质都要频繁地交融，朱子却要求的是适度取用相混合。质是质朴，文是文饰，前者指内在的诚实，后者指欠缺诚实。在这一点上，诸桥与朱子是一致的。金谷的译本也认同这样的解释。他说："将装饰与质朴完美地融合在一起，只有这样才算是君子。"（《论语》，岩波文库）但是，把"质"当成质朴，"文"视为文饰（装饰），两者完美交融才称其为君子。我们的脑海中该如何去描绘这种君子像呢？所谓相对于"质"的"文"是文饰，还是装饰呢？吉川的解读是："质就是素朴，文就是文明。这两者相辅相成，是构成人类生活的最重要的要素。"（《论语》，朝日文库）吉川的意思是：若素朴的要素超越了文明的要素，"则野"，是乡土气息的、不充分的生活。反过来，若文明的要素胜过了质朴的要素，"则史"，是过于语言性的、文化性的生活。若用文明与素朴这对概念来描述人的生活的话，那么吉川的这种理解或许是说得通的，但是这对概念能用来描述君子吗？素朴与文明是与人类社会发展相关的概念，但如果说，必须要同时具备文明的要素与质朴的要素才能称为君子，岂不就成了意思不明的一派胡言么？

我想把"质"理解成人所具备的天赋的自然性，也即人原本拥有的自然性，就是质朴。仁斋说"直"是古今不变的民之本性（《论语古义·

卫灵公篇二十四》），这也就是说人本来拥有的自然本性。正是在这种人本来拥有的自然本性基础之上，构成了素朴质实的人之形象。"质"是在这个意义上成为对人而言重要的要素。但是，只有这种本性能成其为君子吗？对人而言非常重要的另一要素是什么呢？那就是"文"。孔子说："行有余力，则以学文"（学而篇六），还说"博学于文"（颜渊篇十五）。所谓"学"，就是学古，学前人。因此，所谓"学文"，就意味着学习前人遗留下的文章、文物和文化成品。广泛地说，要学习人在历史发展过程中形成的，并代代传承下来的包含文章学问的文化。徂徕说这些就是经过圣人制作而形成的礼乐。人首先拥有的是作为其实质的很好的自然本性，在此基础上加上"文"，也即通过学文才初次具备成为君子的资格。"文质彬彬，然后君子"应该就是这个意思吧。若只是把"文"简单理解成文饰、装饰或文明的话，那么身为君子究竟为什么一定需要"文"呢？这就令人费解了。

学而第一・第六章

子曰："弟子入则孝，出则弟，谨而信，泛爱众，而亲仁。行有余力，则以学文。"

【仁斋古义】

仁斋认为这里的"弟子"指的是初入孔门者。这是孔子在教诲初向学的弟子们，要重视一些基本的东西时所用的语言。"此言学问当慎其初也。孝弟者人伦之本，谨信者力行之要。泛爱亲仁者，成德之基。余力学文者，亦就有道而正之意。"依据仁斋这一观点翻译的本章如下：

〔子安译〕先生说："弟子们啊,首先重要的事是,在家要孝敬父母,在外要恭敬地对待长辈。然后,行事要谨慎,以诚信为本。要爱他人而不要憎恨。亲近有德之人。这些都做到了,还有余力的话,就学习前人留下的文章吧。"

仁斋解读本章的立场,是论"学"应强调德行及实践的优先性。这也是朱子《论语集注》中传达的意见。其中引尹氏言:"德行,本也。文艺,末也。穷其本末,知其先后,可以入德矣。"涩泽荣一用进一步彻底化的实践主义来解读孔子的语言。

【涩泽论语】

  本章孔子教诲人之子、人之弟说:先实行,后学文艺。孔子的教育主义皆重躬行实践,而不流于空论。同时,他还把这实践动机的精神放在重要的位置,其次才是装饰以文事。若有余暇,则应学文。"文"之范畴是人生修养的礼仪规范,以及文雅的趣味。无论古今东西,不爱好"文"者,则难于超脱出粗野卑陋之类。(中略)我青年时以实学为旨,嫌恶架空的豪言壮语。自明治六年投身实业界以来至今日,始终墨守此方针,不敢有易。

不过,也有人批判涩泽从本章中仅仅读出孔子的实践主义的观点。徂徕认为"文"应该是指"先王的《诗》《书》礼乐"。

【徂徕征】

首先,弟子,是指人之子弟。"孝弟者,弟子之道也。谨信者,持身也。爱众亲仁者,接人也。之三者,日用之常也。余力学文,以求进德也。……夫文谓诗书礼乐之文,先王之教也。不学此,则虽有上数者,未免为乡人矣,何以能成君子之德哉?……后世诸先生,皆不知学问之道,悲哉!"

【子安评释】

孔子果然是在教导年轻的弟子们要孝悌、谨信,然后要爱众、亲仁,这些日用人伦的要事,最后在此基础上,如果有余力的话,则应当学文吗?文并非"文饰"这一优雅的装饰物,而是前人遗下的文章与教训。孔子所说的君子之道,学文是不可缺的一个要素。文是前人的遗文,它与"学"是不可切割的。因此也可以将"文"译成"学问"。如果这样理解的话,我认为,孔子面对年轻的弟子们,一方面讲日用人伦的大事,另一方面也讲"学文",也就是学问的重要性,特别是对那些想进一步成为更高层次的君子的弟子而言。

述而第七·第二十五章

子以四教:文,行,忠,信。

首先来看一下现代的《论语》解读者是如何理解"文,行,忠,信"的。

> 孔子的教育有四个重点:学问,实践,诚实与信义。(吉川幸次郎:《论语》,朝日文库)
> 孔子教四样东西:培养表现力的文,培养实践能力的行,培养对个人之德义的忠,以及作为社会规范的信。(宫崎市定:《论语的新研究》)
> 先生教四样东西:读书、实践、诚实、信义。(金谷治:《论语》,岩波文库)

教学问，教实行，这就是文行方面；相对的，忠是心诚，信是言语无伪。这两样是关于心态和言语的使用方法的教育。（中略）由此，我们可以知道孔子的教育重点在什么地方了。（诸桥辙次：《论语之讲义》）

先生以四项教人。一是典籍遗文，二是道德行事，三和四是我心之忠与信。（钱穆：《论语新解》）

除了诸桥之外，现代具有代表性的解读者们几乎都没有在本章上多费唇舌，而仅仅是将"文，行，忠，信"换成了现代通用的词汇而已。但这样做能帮助我们理解什么呢？孔子的教育为什么能够被概括成这四句话呢？这四句话又为什么是"文，行，忠，信"呢？解读者们对这些问题并没有多加思考。在离孔子较近的年代里，孔子所说的"文，行，忠，信"，究竟指的是什么的呢？其具体内容人们还是知道的吧。但是，到了事隔遥远的后代——我们这里，则必须以《论语》中孔子全部的话为基础，去理解"文，行，忠，信"的含义，而并不是简单地译成现代口语就算完事。仁斋就是以他理解《论语》的立场为前提来解释"四教"的。他更以"忠信"为"四教"的立足点，用论注的方式阐述自己忠信主义的立场。这说明了仁斋是在"忠信"的前提下接受《论语》中孔子之教示的。

【仁斋古义】

此孔氏之家法也。文以致知，行以践善，忠以尽己，信以应物。盖万世学问之程式也。

四教以忠信为归宿之地。即"主忠信"（学而篇八）之意。盖非忠信，则道无以明矣，德无以成矣。礼者忠信之推，敬者忠信之发，乃人道之所以立，而万事之所以成也。

【徂徕征】

"文行忠信,是孔门四科。文,文学,行,德行。忠,谓政事,信,谓言语。政事而曰忠,言语而曰信。……凡政事皆为人谋者,故贵忠;善言而不信,亦何贵乎?"在徂徕这里,文学与德行也都是以先王之道与教训作为前提而学习与实行。而这显然是专门为有地位的人,即君子设计的四个科目。

【子安评释】

孔子的"四教",我们现代人该如何理解才好呢?仁斋的解释给了我们重要的启示。孔子这里教给我们的是,人要以君子为目标进行自我完善时必须注意的四样大事。仔细考虑的话,这些不就是道、礼、仁等《论语》中反复教导的东西么?在这里,这些竟成了为弟子而设计的四个科目了。仁斋以"忠信"为归宿之处,我却想关注排在第一位的文。"文"是前人的遗文。而孔子本身最重要的特点就是一个"好学"的人("不如丘之好学"),"好古"的人。所谓"文"是与"学"相对应的概念,因此"文,行"就是"学"与"行"。

〔子安译〕孔子教导弟子的有四项基本教示:先是学,后为行,然后是为了他人的忠与信。

雍也第六·第二十七章

子曰:"君子博学于文,约之以礼,亦可以弗畔矣夫。"

【仁斋古义】

文者,为《诗》《书》"六经"(即六艺)的"先王之遗文,道之所在"。因此,文者,"非平生见闻之类"。所谓"非平生见闻之类"则为我一己之见所限定。而先王之遗文拥有超越我一己之见的普遍性,并具有作为规范的广度。"盖博学于文,则识达古今,而事有所稽。约之以礼,则身由规矩,而动有所遵。皆以有所取法,故可以弗背道矣。"

这的确是仁斋秉持自己独特的诚实,深思熟虑后得出的解释。特别值得注意的是,他将"博学于文",定义为学习超越日常知见的博大之道这一点。所谓博学,本来就具有学习前人遗文的特点。狭隘的学习本就是违反学之本意的。"只懂专门不通其余"之类伪专家是现代社会的产物。

【诸桥论语】

礼,即履,实行之意。过去人们的行为,无论善恶,皆以"礼"或"非礼"的语言来表现。所谓"约之以礼",就是指参照着实际行为对所学到的东西进行概括的意思。只是要先成就约礼,没有博学是不可能的。这就好比捕鸟的网,真正能够捕住鸟儿的虽然只有一个网眼,但是没有众多网眼的辅助,是不可能捕到鸟的。

【涩泽论语】

载道之《诗》《书》六艺(六经),谓之文也。故学者学于道,先须广学六艺之文,多识众物。然仅博学多识,不可谓之学也。于博学所得中取其一,约之以礼,以身践行。若如此行,而不违道,则当可谓君子。此处下一"夫"字,以疑虑结(亦可以弗畔矣夫),而不下一短语曰不畔,盖表谦逊之意。大隈侯爵无此谦逊之美德,遇事皆不惮于下断言。即或稍有疑虑亦置之不顾,此乃侯爵之癖好也。以此常累侯爵每为世间所非难。

第十五讲　温故知新

所谓"学",即为学古之意。所谓"古",仁斋认为是用来与"今"参照,并为能知"今"而设立的模范。学古以知今。"知"只是指获得知识吗?所谓"学古知今",即通过"古"而使之与"今"相对比,同时,学古会为"今"设定方向和意义,等等,这就是所谓"知今"。如果这样理解的话,"知"则不仅仅是获取知识,更是拥有具备洞察力与判断力的知性。"温故知新"中的"知"指的正是这样的"知性"。将获取西洋传来的新知识视为"知新",这一文明论的解释,正是从将"知"单纯理解为获取知识这一点上发展而来的。然而在《文明论之概略》中,福泽谕吉说,获得新知识很简单,困难的是吸收作为文明世界支柱的知性(精神)为己所用。福泽同样是在警告我们,不要仅仅将"知"理解为获取知识。

孔子自称"好古",此言并非孔子自认保守主义者之意。首先,一起思考一下孔子的"古"字的含义。

述而第七·第一章

子曰:"述而不作,信而好古,窃比于我老彭。"

【仁斋古义】

"述者,依古而传之也。作者,始创其事也。"仁斋是这样解释本章的。"老彭,商贤大夫,盖信古而传述者也。"

> 述而不作,不自用也。信而好古,必考古也。夫子之德,贤于尧舜,何所不能作。然每祖述尧舜,宪章文武,皆好古传述,而不敢有所创作者,何哉?盖圣人之所以为圣人者,不在自用其智,而在广资众智;不好自我作古,而好事必稽古。

仁斋还批判后世朱子学派众人,说他们制造出许多孔孟从未说过的语汇,例如"未发之说""持敬主静""虚灵不昧""冲漠无朕"等等。仁斋认为这些都是不好古而自作的错误。

【朱子集注】

> 孔子删《诗》《书》,定礼乐,赞《周易》,修《春秋》,皆传先王之旧,而未尝有所作也,故其自言如此。盖不惟不敢当作者之圣,而亦不敢显然自附于古之贤人;盖其德愈盛而心愈下,不自知其辞之谦也。然当是时,作者略备,夫子盖集群圣之大成而折衷之。其事虽述,而功则倍于作矣,此又不可不知也。

【徂徕征】

徂徕说这是孔子知天命之言:"是孔子知命之言。王者不兴,孔子不克当作者之圣，故云尔。"徂徕的意思是，因为没有出现能够让孔子担当制作之重任的王者，因此孔子当时领悟到自己的天命就是祖述先王之道。"好古"中的"古"是指古之道，即尧舜禹汤文武之道。徂徕说孔子"信之故好之，好之故博学而详尽之，是以能述焉"。

【子安评释】

孔子自觉是先王圣代之后裔，由此才有信先王之古、好古、学古之说。孔子更将自己学古的方法描述为，"述而不作，信而好古"。然而，把这句话放在"孔子是圣人，而圣人才能以作家自命"的前提下去理解的话，那么，它就变成谦逊之词，或者表达知天命的语言了。只是仁斋发现：孔子并不是一个以一己之智慧为前提的作者，而是在学习并传诵先王之道时，孔子才成为圣人。这与仁斋所持有的另一种逆反式的圣人观有着共同之处：那就是因为孔子之道易知易行，所以才成为宇宙第一之至道。

诸桥氏有过一段颇有意思的评论："这里说的是，孔子深信古道并努力阐述、敷演它，自己决不创造新学说。这恐怕是因为当时想形成一家之说的人甚多，孔子也想说些有新意的观点吧。"（《论语之讲义》）

述而第七·第二十章

子曰："我非生而知之者，好古，敏以求之者也。"

孔子的这句话并不难懂："我不是一生下来就什么都懂的人，我只是好古并汲汲于求古的人。"只要能从中发现好古并努力学古的孔子的身影，就可以了。但是，如果我们把孔子当成生而知之的圣人，以圣人观为前提时，此章就变得很费解了。

朱子将"生而知之"定义为"气质清明，义理昭著，不待学而知也"。他引用尹和靖的话说："孔子以生知之圣，每云好学者，非惟勉人也，盖生而可知者义理尔。若夫礼乐名物，古今事变，亦必待学而后有以验其实也。"（《论语集注》）但是这句话表达的是一种很怪异的理解，因为它将孔子所学的"古"仅仅局限在"礼乐名物、古今事变"的范围之内。

仁斋认为，夫子生而知之，但同时还要学古，是有原因的：

【仁斋古义】

夫古可以征于今，未有不由古而能为于今者也。故事稽古，则犹以图求镜照，其成败得失之迹，较然著明，皆为今日之模楷。夫子以生知之圣，犹汲汲乎求古者，以其益有不可量者。

为政第二·第十一章

子曰："温故而知新，可以为师矣。"

《中庸》也有"温故知新"句，郑玄注云："温，犹燖温之温，谓故学之矣，复时习之也。""温"是重温之意，温习故实（反复学习），也即将其熟习为止之意。因为这是孔子自述学古的方法，因此将"温"理解为温习是合适的。朱子将"温"解作"寻绎"，"故"为故事，"旧所闻"。诗书中记载的历代先王之政教、礼仪、习俗等，全都属于这一类。不过就算"温"作"寻绎"解，按朱子所云"言学能时习旧闻，而每有新得，则所学在我，而其应不穷，故可以为人师"（《论语集注》），则"温"的"温习"中"燖温"之意也一样适用。

【子安评释】

孔子在本章中要说的不是"温故"与"知新",而是"温故而知新",是通过温习已学的,以获得新的知识。要成为将自己的知识传授给他人的老师,需要具备什么条件呢?孔子对此的回答是"温故而知新"。注释者说这是由"温故"而"发明新意"的意思。也就是从对故事的学习中发现新的含义。换句话说,对现代的我们而言故事是有意义的,通过对这类故事的学习,我们能从中发现新的意义。而所谓"发现新的意义",就是发现新的语言。通过学古,发现新的意义,进而掌握新的语言表达。正是因为这样,"古学"是由学引发的"革新"。在仁斋看来,追求《论语》的古义,就是为了获取与人类相关的新的语言表达。我认同这种对"温故知新"的理解。我的《论语》讲义又必须"温故而知新"了。

一般对"温故知新"的理解,都是将"温故"与"知新"对置起来,这构成了现代以来最普遍的认识。构成文明开化时代的言论是:将"温故"对应于东洋传统的学问,"知新"对应于西洋的新知识。对此,涩泽荣一这样说:"今日专以欧美新学为尚,而置东洋二千年来之道德学问于脑后之弊尤甚。青年诸君须深切留意,追求新学不忘故事,不忘温故亦不失进取之气质,须知唯有就故方可以学新矣。"(《论语讲义》)

本章中还有一处值得思考,即通过"温故"而获得的"知新"一词中的"知"的样态。让我们重新思考一下《论语》中的"知"。

为政第二·第十七章

子曰:"由!诲女知之乎?知之为知之,不知为不知,是知也。"

【仁斋古义】

　　由，孔子弟子，姓仲，字子路。子路性刚，以尽知天下之事为知。故夫子告之曰：汝所为知之者，未必真知之。今诲汝知之者乎？其所知者，自以为知。所不知者，便以为不知，是谓之知也。盖知者务知其所当知者，而知而无益者，不必求知之。

仁斋说的是，真正的知是知道应当知道的东西，而不求知道不应当知道的东西。智者是拥有真正的知性的人，而不是拥有广博的知识的人。

朱子的解释是："子路好勇，盖有强其所不知以为知者，故夫子告之曰：我教女以知之之道乎！但所知者则以为知，所不知者则以为不知。（下略）"（《论语集注》）这顶多是提醒不要装懂而已，可以解释为教"知之道"的语言。与此相比，仁斋的理解要深刻多了，他涉及真正的知性的问题。

【子安评释】

孔子想教导子路的，并不是知道就说知道，不知道就说不知道这种明确界定有没有知识的方法，而是什么值得知道，什么不值得知道这样一种称得上是自身的知性的"知"之原意。苏格拉底的对话中说：视"知"为值得骄傲，视"不知"为值得去弄懂。这种说法与孔子的教导，在意义上是相通的。

子罕第九・第八章

子曰："吾有知乎哉？无知也。有鄙夫问于我，空空如也，我叩其两端而竭焉。"

本章也是很难做到稍微一读立刻就能够弄清来龙去脉的篇章。归根结底，关键在于如何理解孔子的"吾有知乎哉？无知也"这句话。先来看一下金谷氏的现代口语翻译。

〔金谷译〕先生说："我有知识吗？我没有知识。但是就算是无聊的男人，若能带着认真的态度来问我问题的话，我都会搜索枯肠，竭尽所能地给予回答。"（《论语》，岩波文库）

【徂徕征】

徂徕从本章中看出孔子对待弟子之外的人的不同教育方法。对弟子，孔子敦促他们要有"不愤不启，不悱不发"（述而篇八）这样强烈的自发向学之心，但是如果是鄙夫来求教，则他会毫无保留地将自己所知道的全部教给对方。"大抵自智者，多爱惜其所知，不欲辄告诸人。孔子自言我岂有自智之心而惜其所知哉？鄙夫问于我，则竭两端。门人则否，教诲之道也。"这基本是根据何晏等人的古注做出的解读。另"空空与悾悾同，诚也"也是古注。

【朱子集注】

朱子认为孔子的"无知"为谦辞。"孔子谦言己无知识，但其告人，虽于至愚，不敢不尽耳。叩，发动也。两端，犹言两头。言终始、本末、上下、精粗，无所不尽。程子曰：'圣人之道，必降而自卑，不如此则人不亲；贤人之言，则引而自高，不如此则道不尊。'"但若是这样解释的话，那圣人的谦辞则变成为了让民众接受自己的"道"的一种战略了。

【仁斋古义】

　　仁斋对此章的理解从新注。"空空，无知识之意。""无知"为谦辞，"夫子谦言，己无知识，但其告人，虽于至愚，不敢不尽耳"。但是仁斋绝对不认为"无知"是圣人的一种战略性的谦辞。毋宁说，孔子之"知"的原有的状态就是谦辞。首先，围绕着教导鄙夫的孔子，仁斋这样说："圣人仁天下之心，固无穷矣。推其心，盖思一夫不入于善，犹己拒之而不诲。故鄙夫之空空，犹竭尽其所知，不敢有所隐。仁之至也。"这里所说的，不是屈尊俯就热心教导下层民众的谦逊，而是说，虽说对方不过一介鄙夫，但如果不引导其向仁，则他就完全违背了"志于仁"这一本质的存在状态。仁斋所言恰如菩萨道一般。所谓"菩萨道"，是任何一个人都要拯救。而仁斋所说的则是任何一个人都要教导。这就是以民为依托的仁斋，在解读《论语》及孔子之道时达成的理解。在此基础上，关于孔子的"无知"，仁斋这样说："而夫子以生知之圣，亦曰吾有知乎哉，无知也者。何也？盖物外无道，道外无物。无内外，无隐见。故实知道者，不自有其知，以其无有可有者也。不实知道者，自有其知，以其犹有可有者也。故曰：吾有知乎哉？无知也。大哉！"

　　仁斋这里想说的大概是这样的意思："道"是与这个世界中的事物共存的，两者不可分离。既然道是与这个世界共存的，那么它就不是什么眼睛看不见的本体性的存在。因此，对于这样的道而言，就不存在什么能够把握这种道的终极的"知"。朱子等人所做的，就是把作为本体性存在的"道"与圣人足以把握这种"道"的睿智对应起来。孔子要否定的正是这种能够把握本体性存在的睿智之"知"。"吾有知乎哉？无知也"就是这个意思。就连面对一介鄙夫，都要认真引导他趋向仁道。这样的夫子，绝不是什么拥有超越世界的睿智的人，而是一位拥有与这个世界不可区分的卓越的知性的人。

顺便提一句，仁斋对《论语集注》中引用的程子之言持批判态度："苟如其说，则圣贤之待人，皆以伪而不以诚也。"

季氏第十六·第九章

孔子曰："生而知之者，上也；学而知之者，次也；困而学之，又其次也；困而不学，民斯为下矣。"

"知"就是由学而知。若"学"是人所固有的行为的话，不学而知就是超越人之水准的样子了。因此，拥有这种"知"的人，即生下来就知的人就是圣人了。生而知之的圣人，虽然算是位于知之等级之最上层者，但并不是以"学"为固有本能的人的理想。孔子是把自己视为以学致知的人的。以学致知（学而知）是作为人的基本样式。不过其中还是有因为能力或资源的不足，竭尽全力辛辛苦苦才能勉强学好的人。这种窘困而学以致知（困学困知），也属于学以致知的一种，位居"学而知之"后。位居最下位的就是彻底放弃了作为人之固有本能的"学"的下愚了。于是知的等级，就由上至下分为上知－学知－困学困知－下愚了。《中庸》记载："子曰：唯上知与下愚不移。"（阳货篇三）还有"或生而知之，或学而知之，或困而知之，及其知之一也"。若以此为参考的话，上述的理解就很正常了。但是最后一句"困而不学，民斯为下矣"，孔子的话恐怕就不仅仅是在说"知"的等级了，而是强行将社会的等级覆盖在"知"的等级之上。徂徕对此的解释是："言民之所以为下也，非谓民有四等，是为下也。"接着徂徕说："后儒多不知'民'字。古者学为士，进于民焉。民之不学，其常也。故君子不以其不学而弃之矣。故曰：可使由之，不可使知之。"（《论语征·泰伯篇九》）而吉川幸次郎对"困而学之"的解释是，"因为感到生活的穷困而开始有了向学之心"，而"感受到生活有困难却仍然不学习，这就是凡庸的人民了。而且正因为这样他们是最下等的人，这从'民斯为下矣'能够解读出来"（《论语》，朝日文库）。

　　从孔子所处时代的社会阶层观来看，徂徕的解读是正确的吧。但是人们往往把孔子的文本作为超越了时间与时代教导我们的文本去阅读。阅读教导式的文本，就是要读出孔子语言中那些积极的意义。孔子的这些话，当然也受到所处时代因素，包括社会阶层观等制约。如果从这些制约角度来看，孔子的这句话带有消极的或否定性的意义。我不想用这种方法来解读本章。我想从以下的角度来读，即孔子是第一个对人之学、人之知、人之信，以及有理想的生活或求道等问题进行叩问的人。因此我认为这里的"民"并不是指所有的民众，而是那些自动放弃"学"之能力的人。放弃了"学"，则等同于放弃做人。它就是被置于"上知"之终极对立面的"下愚"。

阳货第十七·第二章、第三章

　　子曰："性相近也，习相远也。唯上知与下愚不移。"

　　仁斋和徂徕都把第二章"性相近也，习相远也"与第三章"唯上知与下愚不移"并为一章，此处从之。"性"是人与生俱来的特质，也是人最自然的性质。这里的"性"与后天的习得对置，也就是将自然性质与后天的学习、习惯对置。

〔子安译〕人与生俱来的本性，大致相同。但是即便是生来就性情相同的人，通过后天的学习，也会产生差异。人会通过学习，变成善人或变成恶人。只是上知与下愚是一定不会改变的。

解读孔子的这句话，将重点放在"性相近"上，还是放在"习相远"上，将出现不同的理解。仁斋是彻底地以"相近"为中心来解读的。他认为孟子的"性善论"就阐明了"性相近"的主旨。

【仁斋古义】

> 孔子曰性相近，而孟子专曰性善。其言似有不同者何诸？孟子学孔子者也。其旨岂有异乎？其所谓性善者，即发明性相近之旨者也。盖自尧舜至于途人，其间相去，奚啻千万，可谓远矣。而谓之相近者，人之性质刚柔昏明，虽有不同，然而至于其有四端，则未尝不同。譬之水焉，虽有甘苦清浊之异，然其就下则一也。故夫子以为相近，而孟子专以为性善矣。（《论语古义·论注》）

仁斋用孟子的"性善"来解读孔子的"性相近"。但是，此"性善"也不意味着人的本性就是善良的。仁斋用心之"四端"来解释人性，他认为人与生俱来就拥有向善的性质（生质）。其中可能会有一些没有恻隐之心的例外者，孟子称之为"非人"。像这种千万人之中独有一人的例外者（下愚），是没有必要专门去讨论的。习善则移向善，这是人的本性，圣人正是据此立教，并引导众人向善的。圣人之教是面对这些以学向善的人们，而不是面对那些例外者的。仁斋想阐明的正是这一点吧。

【徂徕征】

然而，徂徕认为"下愚"指的就是人民。他这样说："下愚谓民也。下愚之人不能移,则以为民,而不升诸士也。孔子曰:民可使由之,不可使知之。(泰伯篇九)以学习所不能移也。"

另外,吉川幸次郎对"上知与下愚不移"这句话的评论是:"也就是说,在人类当中,存在着由先天的性质所固定下来的绝对的善人与绝对的恶人。这句话带有一种决定论的色彩。"这是与仁斋相对立的解读方法。仁斋彻底把重点放在"性相近"上来解读本章。他认为,之所以要关注人通常与生俱来的相同性质,是因为我们没有必要去提及千万人中仅有一两人这种例外的事例。上述也可以作为吉川之《论语》解读缺乏思想性的一个重要事例。

第十六讲 论"诗"

孔子尊重《诗》与乐。《述而篇》第十八章中有"子所雅言，《诗》《书》"句。朱子释"雅"为"常"，则此句意为"孔子常言《诗》《书》"。仁斋从此。然古注云"雅言，正言也"（孔安国），即用正确的发音读书。现代的解释者们几乎都从古注，将此章解为"孔子用文字的正确的发音来读《诗》《书》"（诸桥辙次：《论语之讲义》）。不论是依新注以"雅言"为"常言"，还是依古注以"雅言"为"正言"，孔子对《诗》《书》的尊重之意都没有改变。而本讲稍后还将涉及孔子的另一句话："兴于《诗》，立于礼，成于乐"（泰伯篇八），说的是"诗"与"礼乐"一样具有重要的意义。

只是就算我们能通过后来中国礼教世界的发展来理解"礼"的重要性，孔子的教示中涉及的"诗"与"乐"的重要性，我们未必就能够很容易理解，因为"诗"与"乐"早已不再在现代世界中扮演不可或缺的角色了。它们在我们的生活中起的作用，是锦上添花式的点缀性、装饰性的附属品。当然，现代人当中也有些人离开了文学与音乐就活不下去，但这与诗乐交错形成了人们共同生存的空间是两码事。《论语》中的"诗"与"乐",还余留着与人们共同生活的世界有着密切相关的时代印迹。现在我们不再明白的是,"诗"对人的生活究竟意味着什么,"乐"又意味着什么,等等。后世的解释者们在追溯这些残留的痕迹的同时,仅用解释性的言语去填补那些失去的意义所留下的空洞。

为政第二·第二章

子曰:"《诗》三百,一言以蔽之,曰'思无邪'。"

《诗经》共三百零五篇,"三百"只是个概数。"思无邪"语出《诗经·鲁颂·駉》:"駉駉牡马,在坰之野。薄言駉者,有駰有騢,有驒有鱼,以车祛祛。思无邪,思马斯徂。"根据目加田氏的翻译①,"思无邪"被解释为心无杂念,一心一意的意思;而《论语》本章中的"思无邪"则是断章取义,与诗中的原意毫无关联。从原诗的角度来看的话,用诗中的一句来遮蔽全篇的读法,的确不得不说是断章取义。但是比如说用"物之哀"一个词组来概括《源氏物语》,这也是断章取义。问题不在于《駉》诗中"思无邪"的解释究竟是什么,而在于以这一句话来理解全篇这一点上。这并非一句话的解释问题,而是孔子是怎样理解把握《诗》的,他想怎样向弟子及后代传授这种理解与把握。

如果"思无邪"是心无杂念且一心一意的话,那么它与仁斋对"直"的理解是相通的。这让我想起贺茂真渊用"顿心"(ひたぶるの

---

① 目加田誠訳:『詩経·楚辞』,中國古典文學大係15,東京:平凡社,1969年。

心），即直截了当地表达心情，来概括对《万叶集》中和歌的理解。但是，后代的儒者们读到孔子用"思无邪"一言把握《诗》的解读时，他们就试图由此将孔子的教诲加以体系化。以孔子的体系化教诲为背景，为什么会考虑到"思无邪"呢？为什么会令人去思索"思无邪"更深层的含义呢？对"思无邪"一词的断章取义式的理解，与其说是来自于孔子，不如说是源于后代儒者们的解释。仁斋认为"思无邪"不仅仅覆盖了《诗经》三百篇，甚至覆盖了夫子之道的全部。

【仁斋古义】

"思无邪，直也。夫子读《诗》到此，有合于其意者，故举而示之，以为'思无邪'一言，足以蔽尽《诗》之义也。夫《诗》，夫子之所雅言，则岂徒蔽三百篇而已哉？虽曰蔽尽夫子之道，可也。"而且仁斋还在论注中说："夫子以'思无邪'一言，为蔽三百篇之义者，亦主忠信之意。"

仁斋以"主忠信"为贯穿孔子道德教示之核心，因此他也将这一观点运用于对"思无邪"的理解。

【朱子集注】

"凡《诗》之言，善者可以感发人之善心，恶者可以惩创人之逸志，其用归于使人得其情性之正而已。然其言微婉，且或各因一事而发，求其直指全体，则未有若此之明且尽者。故夫子言《诗》三百篇，而惟此一言足以尽盖其义。"朱子的一句以"使人得其情性之正"为诗歌之用，引发出后世道德功用为主的诗歌理论。《论语集注》中更引程子的"思无邪者，诚也"一语。不管怎么说，朱子的观点中透露的，是以一事直接类推全体、一事物凸显本质那样的洞察力。这就是围绕着本章展开的禅理式的洞察的言语。

【徂徕征】

徂徕认为：古之道并非可要约为一义，尤其是"诗"，它是多义的。因此孔子才说要"博学于文"。围绕《论语》中的这句话，徂徕说："诗之义多端，不可为典要。古之取义于诗者，亦唯心所欲，只其思无邪，是孔子之心也。"意思是说，"诗"原本就是多义之物，因此只要随着解诗当时的心境来取义即可。而"思无邪"就是孔子的取义方法。徂徕的极端偏向多义性的理解，是与以一事（一义）蔽全体的"朱子们"的取义方式相对抗的。

【涩泽论语】

"诗乃流露作者之感念兴思之所，发辞以表现性情之天真，而无一些邪思杂念。"涩泽氏在这一表述的基础上又说了一些诸如天真无邪才是一家和睦要诀之类令人啼笑皆非的话。这说明对《论语》的实用性解释，一旦出现偏差，就会沦为混乱不清的恶俗理论。"故人于家中应该恢复小儿般天真无邪的状态。略举一例，就好比丈夫一旦提议说，昨晚刚吃过荞麦面，今晚最好改吃糯米团子的时候，妻子应当给予应和，并开始着手做团子。这样一家之和睦就得到实现。……须知'思无邪'之诗，其意即为一家和睦之基调。"

八佾第三·第八章

子夏问曰："'巧笑倩兮，美目盼兮，素以为绚兮。'何谓也？"子曰："绘事后素。"曰："礼后乎？"子曰："起予者商也！始可与言《诗》已矣。"

子夏所举"巧笑倩兮，美目盼兮，素以为绚兮"的句子出自《诗经·卫风·硕人》，但不包括最后一句。有将前两句译作："莞尔一笑时唇角艳丽，圆圆的双眸明亮清澈。"（目加田诚译）如何理解《八佾篇》中这一章，关系到对此诗，尤其是对最后的"素以为绚兮"一句的解读。首先以宫崎氏巧妙的翻译为例，他将"素以为绚兮"解释为先把布漂白，然后再着上色彩的意思。

〔子安译〕子夏问道："诗中有这么一句：'微笑时唇角边的爱娇，眨眼时明眸的美丽，施以白粉，缀以胭脂。'这句话想表达什么意思呢？"孔子说："在绢上画画的时候，必须先将其漂白，然后才可着笔。"子夏说："这样的话，礼式是不是应该最后再去完成呢？"孔子说："说得好！我没想到你能够如此出色地理解《诗》。"（宫崎市定：《论语之新研究》）

【仁斋古义】

仁斋说"素以为绚兮"是作画之时，"先布众色，然后以素分布其间"的意思。子夏的问题其实专门针对第三句"素以为绚兮"，因此对此句的理解与之后孔子与子夏的应答相关联。仁斋认为，子夏的追问"礼后乎"，是"因夫子之言而悟"。仁斋的志向是，遵循孔子"礼，与其奢也，宁俭"（八佾篇四）的思路来把握礼之真意。

【朱子集注】

朱子将"绘事后素"读成"绘画之事，后于素也"。即："先以粉地为质，而后施五采，犹人有美质，然后可加文饰。"意思是说，对具备了道德实质的人，礼仪才开始不再是虚饰，而成为构成其人之品味的文饰。

【徂徕征】

"盖诗'素以为绚兮',谓敷粉也。绚者,谓灿然有光也。美人得粉,美益彰。缋事得布素分间,五采益明。美质学礼,其美益盛。非美人也,粉适成丑;非五采也,布素何施;非忠信之人也,礼不可得而学。此章之义也。"徂徕的意思是,于忠信之美质之上,得以学礼,则可成君子。

【子安评释】

孔子说的"起予",朱子解作"言能起发我之志意"。仁斋及徂徕从此解。对子夏"礼后乎"的回答,孔子首肯其已理解自己本意,称赞说可以和商(子夏)一起谈论《诗经》了。关于"始可与言《诗》已矣"这句称赞,仁斋解道:"诗无形也,因物而变,为圆为方,随其所见。或悲或欢,因其所遭。一事可以通千理,一言可以达千义。故非闻一而知二者,不能尽诗之情。子夏闻画缋之事,而悟礼后之说,可谓亚闻沧浪之歌,而知自取之道者也。"(《论语古义·论注》)

最后的"沧浪之歌"一语出自《孟子》。孔子听小童唱道,"沧浪之水清兮,可以濯我缨;沧浪之水浊兮,可以濯我足",就对弟子们说:"清斯濯缨,浊斯濯足矣,自取之也。"①仁斋的理解可以说源自诗歌讽喻论的立场吧。所谓"诗歌讽喻论"是我模仿"物语讽喻论"而造的术语,指《诗经》这一典籍,同时亦是前人之遗文,对后世而言,它总是作为蕴含着教训或教谕而被传诵的。《源氏物语》也并不单纯是个恋爱故事,因为人们想从中得到某种启示,直至今日,它还是作为"爱"的启示之

---

① 孟子接着孔子的这句话说:"夫人必自侮,然后人侮之;家必自毁,而后人毁之;国必自伐,而后人伐之。"(《孟子·离娄上》)——译者注

书为人们代代传诵。在接下来要读的《阳货篇》中关于《诗》的章句里，孔子说《诗》"可以兴"，意思为《诗》的讽喻作用是第一重要的。

阳货第十七·第九章

子曰："小子何莫学夫《诗》？《诗》可以兴，可以观，可以群，可以怨。迩之事父，远之事君，多识于鸟兽草木之名。"

孔子说"可以兴""可以观""可以群""可以怨"是《诗》的效用。李泽厚将此四者视为中国传统文艺批评中的大原则。"兴"古注为"引譬连类"（孔安国），新注为"感发志意"（朱子）。仁斋从新注。其实应该依古注的理解，认为诗歌的效用是通过譬喻、联想，给我们带来大的感兴吧。徂徕说："兴者，从其自取，展转弗已。"即诗能给不同的人带来源源不绝的感兴。"观"者，古注为"观风俗之盛衰"（郑玄），新注为"考见得失"。仁斋为首的大多数人则解释为"观人情风俗"。他们的观点是为政者须观察世间之人情风俗，而这也屡屡被作为《诗》之效用而论述。徂徕强调的是"观"的功效："凡诸政治风俗，世运升降，人物情态，身在朝廷可以识闾巷，身在盛代可以识衰世，身为君子可以识小人，身为丈夫可以识妇人，身在平常可以识变乱。天下之事，皆萃于我者，观之功也。""群"古注为"群居相切磋"（孔安国），新注为"和而不流"。仁斋说："群而不党，心之和也。"诸桥说："与众人共，故可和。""怨"古注云"怨刺上政"（孔安国），新注云"怨而不怒"。仁斋则说："怨而不怒，情之厚也。""可以怨"是否应从古注？徂徕以无事则"群"，有事则"怨"为解，"无事则群居切磋，讽咏相为，则义理无穷，默而识之，则深契于道。有事则主文谲谏（绕着弯子来进谏）。

《诗》之效用，更有近可以明白事父母之道，远可以知晓事君之道，可以多了解鸟兽草木之名称。

从古注立场来解释"兴、观、群、怨"的话，则《诗》是通过比喻的表现方法来使人产生联想，并唤起大的感兴。同时，《诗》还能通过表现性情来让人们了解世间的人情风俗。然后，《诗》还可以通过人们的共同吟诵，让人们领悟事情中蕴含的道理。最后，《诗》还可以寄托并倾诉人们对政事的怨讽之意。

泰伯第八·第八章

子曰："兴于《诗》，立于礼，成于乐。"

孔子这句话，似乎说的是由《诗》、礼、乐三者达成一种成就的过程或顺序。如果把它看成君子的教养形成的顺序的话，则吉川氏的解说如下："成就道德的兴奋之出发点的是《诗经》。之所以这么说，是因为它激发了一种正确的感情。接着确定下教养之框架的是学礼。之所以这么说，是因为它是人的秩序的法则。最后，教养的完成在于学习音乐。之所以这样说，是因为它通过一定的法则整顿人的情感，是包括人性的表现。"（《论语》，朝日文库）宫崎市定也将本章理解为描述通过教育形成人格的过程，"学问从诗之教育起步，通过礼之教育，人格得以成形，通过音乐的教育，人格最终得到完成"（《论语之新研究》）。

将本章视为教养的、教育的人格形成过程的解读，基本上源自朱子。朱子将本章视为"学"之成立的顺序。学诗"所以兴起其好善恶恶之心",学礼"能卓然自立",学乐则臻于成熟。仁斋也说这是一种成就学问的次序。

【朱子集注】

现在看一下朱子对"兴于《诗》"的注释:"兴,起也。诗本性情,有邪有正。其为言既易知,而吟咏之间,抑扬反复,其感人又易入。故学者之初,所以兴起其好善恶恶之心,而不能自已者,必于此而得之。"

与将孔子的这段话视为学问之成立或教养之形成的顺序的读法不同,徂徕的解释是,《诗》、礼、乐作为先王之教,各自拥有独特的风貌。"故兴者兴于道也,立者立于道也,成者成于道也。言人之学道,诗礼与乐所以教者,其殊如此也。"(《论语征》)

诸桥列举"乡饮酒礼"和"燕礼"等宴席之事例说:"在这种场合,唱《诗经》里的歌,有音乐伴奏,有时候还有伴舞。而其间席上之年轻人,则跟着年长者学坐立行止的礼仪。本章说的,既是这样三者结合以施教,又是三者各自的主要教育目的。"(《论语之讲义》)也就是说,在社会共同体的礼仪规范中,《诗》、礼、乐是以各自不同的意义来实行的。而通过《诗》、礼、乐各自独特的礼仪实践,使青年们得以成为这一共同世界的一员吧。孔子说"兴于《诗》,立于礼,成于乐"时,脑海里描绘的正是作为文化共同体之成员的人在《诗》、礼、乐的熏陶下得以自立的生动景象吧。然而,后世学者把孔子的这句话,仅仅作为学问或教养的成立过程这样的抽象观念来理解。《论语》里的话,有时也只不过是随着时间的流逝而消失的世界残存的痕迹。如果勉强来解释的话,得到的只能是把当代的要求牵强附会进去的解释。朱子是如此,仁斋是如此,吉川也是如此。

第十七讲 论"乐"

孔子以及他之前的古代世界中,诗所拥有的意义,早已不为我们所知,乐(音乐)也是一样。刚才所举的《论语》中孔子"兴于《诗》,立于礼,成于乐"(泰伯篇八)的这句话,说明诗与乐是重要的东西,然而却没有明确地告诉我们其重要性究竟体现在哪里。接下来我们要看的孔子关于"乐"的言说,虽然也说明了孔子对"乐"的极端尊重,但也仍然没有说明其尊重的理由。能够对这一缺失或不足进行补充的是《礼记》中的《乐记》,以及《荀子》中的《乐论篇》。据推测,这几个文本都成立于秦末汉初。荀子的生卒年是公元前329年以后至公元前235年左右,而孔子生卒年为公元前552年至公元前479年,孟子生卒年是公元前370年至公元前290年左右。这样的话,乐论之体系的形成以及乐论之意义的理论,都是在孔子离世超过百年之后才成立的。这也就意味着,在孔子离世后百年的时代中,没有乐记或乐论这类赋予"乐"意义的理论言说出现,"乐"的意义已经逐渐消失。我们现在只有回到这些文本,从中挖掘古代世界中"乐"的意义。徂徕也试图通过《荀子》及《礼记》来重构先王的礼乐世界。实际上,如果不通过后世这些赋予意义的理论言说，就无法理解古代世界。这并不仅仅是对礼乐的世界而言，对于仁义道德的世界而言，也基本如此。正因为这样，仁斋才试图根据《孟子》中的仁义学说来理解孔子的道德世界。

述而第七·第十四章

子在齐闻《韶》，三月不知肉味，曰："不图为乐之至于斯也。"

根据朱子的解读翻译如下："孔子居于齐国三月，学习称颂舜之功德的《韶》乐。孔子感叹《韶》乐美善兼备，其美好程度令孔子在这期间即便吃肉，也不知道肉的味道。孔子说：'乐'的妙处到了这个地步，我真是连想都没想到。"

与此相关的孔子的语言，还有《八佾篇》第二十五章："子谓《韶》：'尽美矣，又尽善也。'谓《武》：'尽美矣，未尽善也。'"

《韶》是指"舜乐"，《武》指"武王乐"。这里的"舜的音乐"究竟是指舜创作的音乐，还是指称赞舜帝之德而作的舜代的音乐呢？不很清楚。若从后者解释的话，孔子的这几句话都可以理解成以"乐"为隐喻，称赞圣王舜之德的舜代的音乐。但尽管如此，这些语言还是表明音乐与舜帝之德同样崇高。因而用"闻《韶》，三月不知肉味，曰：'不图为乐之至于斯也'"等词句来表达的吧。"啊，真没想到，乐有如此之美妙"，这是孔子感叹《韶》乐之美妙时发出的感慨。而我们所不明白的，就在孔子的这句感叹之中。还有，孔子为什么会通过音乐来对比舜和武王呢？

八佾第三·第二十三章

子语鲁大师乐，曰："乐其可知也：始作，翕如也；从之，纯如也，皦如也，绎如也，以成。"

朱子的注释如下："大师，乐官名。时音乐废缺，故孔子教之。翕，合也。从，放也。纯，和也。皦，明也。绎，相续不绝也。成，乐之一终也。"涩泽氏按照这一解释翻译如下："演奏音乐之法并非费解之物。始奏之时，众音一时作，翕如备众音合众调。既各自盛放其声，则清浊高下相济相和，如出一音般达至纯和之境。纯如之中，金音自金音，石音自石音，各自判然，可听取分明，各音更相起伏，绵延不绝。如斯则一曲奏终矣。"（《论语讲义》）

【仁斋古义】

仁斋在《论语古义》本章的论注里这样说："当时音乐残缺，伶官唯知论五音六律，而不知乐之节奏。有自然之序，而其和在于丝毫之间。况于其通性情心术之微者乎？夫乐之于天下，犹〔舵〕之于船，或左或右，随其所转。将之于卒，或进或退，从其指麾。治乱盛衰，每与声音相通。故夫子为大师，一一指点而示之也。"

仁斋已经在用《乐记》的赋予意义的言说来补充孔子之言的背景了。

【涩泽论语】

涩泽氏接着上面的翻译，谈到了现代的音乐教育："音乐之能影响人心，古今东西皆同，郑声之不可近，无须多论。近时我邦有西洋之音乐传来。有害风教之物，固然不应采用。盖音乐之正否，当可使人性情高尚，或也可使人坠入淫靡。音乐专门学校等，应当在选择方面下功夫吧。"

【参考】

《乐记》第十九

> 凡音之起，由人心生也。人心之动，物使之然也。感于物而动，故形于声。声相应，故生变；变成方，谓之音。比音而乐之，及干戚羽旄，谓之乐。①

〔子安译〕大凡声音之起，都是从人心而生的。人心之动，是由心外之事物而起的。心感受到外物而动，这就以声（声音）的形式表现出来。声随着声音发生相应的变化，这种变化逐渐成型，就成为音（韵、乐音）。将乐音进行排列，就成了乐（奏乐）。伴随着乐，手持盾与矛、羽及毛起舞，这就叫做乐（音乐）了。

【子安评释】

为音乐奠定基础，并赋予之意义的《乐论》（礼乐论），是以人心为音乐成立的依据展开的。这与孟子以人的心性为依据形成的道德论是并行的。如前所述，战国末期孔子的言说被分化为道德论（子思、孟子）与礼乐论（荀子）两脉各自发展。两者都赋予孔子的言说以理论性意义，并试图将其体系化。而这两者的理论化，又都首先将人之心性作为道德与礼乐成立的根据，或是从阐明两者之间的关系出发。礼或乐之理论化，都开始于礼及乐自身不再具有意义，或者说它们的意义被错失了的时期。要赋予礼或乐意义，首先要将它们植根于人心，将它们与人心的关系作为出发点。因此，这段《乐记》开篇的文字，可以视为关于音乐、文艺、诗歌等成立相关的理论之原型。

---

① 参考竹内照夫：『礼記』「樂記第十八」，新釈漢文大系28，東京：明治書院，1977年。译文由我翻译。——作者注

《古今和歌集·序》的开篇处写道:"夫和歌者,托其根于心地,发其花于词林者也。人之在世不能无为,思虑易迁,哀乐相变,感生于志,咏形于言。"这段话也可以说是脱胎于《乐记》。而本居宣长更以此为依据,发展出"物之哀"的理论:"而关于所见与所闻之物,觉得哀伤或者悲哀,都是人心之动,而这人心之动,也就是知道物之哀了。"若见《紫文要领》中的"物之哀"论的话,令人更加感觉这就是《乐论》续说之日文译本了。如果说《古今和歌集·序》是最初对和歌下定义的理论的话,那么宣长的"物之哀"和歌论就是其最终完成形态了。

【参考】

《乐记》第十九(续前)

> 乐者,音之所由生也,其本在人心之感于物也。是故其哀心感者,其声噍以杀。其乐心感者,其声啴以缓。其喜心感者,其声发以散。其怒心感者,其声粗以厉。其敬心感者,其声直以廉。其爱心感者,其声和以柔。六者,非性也,感于物而后动。是故先王慎所以感之者。故以礼道其志,乐以和其声,政以一其行,刑以防其奸。礼乐刑政,其极一也,所以同民心而出治道也。

〔子安译〕乐是由音所产生的,因此其根本在于人心感受外物而发出的声音。故感到悲哀之心动,则产生嘶哑肃杀的声音;感到和乐之心动,则产生丰润舒缓的声音;感到欢喜之心动,则产生飞扬高亢的声音;感到愤怒之心动,则产生粗粝激昂的声音;感到敬慎之心动,则产生率直恭谨的声音;感到慈爱之心动,则产生和缓温柔的声音。这六种声音并非人天生就带有的性质,而是心感于外物之动而产生的。所以,先王对令心感动之原因倍感深虑。在此,先王试图用礼将心的趋向(志)导入正道,用乐使心发出的声音变得和缓,用政使心的运动变为一体，用刑防止心被扰乱。礼、乐、刑、政四者，都是为了共同的目的，即使民心和合为一，从而达到治道。

【子安评释】

就这样，"乐论"作为礼乐刑政之道的"治道论"的一部分被创建出来了。乐论也就成为儒家的音乐论。而所谓儒家的音乐论，就是从儒家的治道论理论体系中发展出来的，将植根于人心的音乐作为以陶冶人心为目的的统治术的理论。这种理论，也可以说为现代国民教育制度中的音乐科目提供了基本的理论支持。因此，作为后世对《论语》的解释，涩泽氏关于国民教育中的音乐的言论是正确的。

【参考】

《荀子·乐论篇第二十》

夫乐者，乐也，人情之所必不免也。故人不能无乐，乐则必发于声音，形于动静；而人之道，声音动静，性术之变尽是矣。故人不能不乐，乐则不能无形，形而不为道，则不能无乱。先王恶其乱也，故制《雅》《颂》之声以道之，使其声足以乐而不流，使其文足以辨而谞，使其曲直繁省廉肉节奏，足以感动人之善心，使夫邪污之气无由得接焉。是先王立乐之方也，而墨子非之，奈何！[①]

〔子安译〕音乐原本就是令人快乐的。作为人情，这是不可避免的。原本人就不能没有可以令其快乐的东西，而感到快乐了就一定会发出声音，用行动来表现。人的这些行为样式中的声音与动作，以及性情的变动，都被音乐淋漓尽致地表现出来了。因此，人不会不感到快乐，

---

① 参考金谷治訳注：『荀子』「樂論篇第二十」，岩波文庫，東京：岩波書店，1961—1962年。译文由我翻译。——作者注

而感到快乐的时候，必然就表现在行动上。这些行为上的表现如果没有得到正确的引导和控制，则世间就必定会变得混乱。先王憎恶这种混乱。因此先王制定了《雅》《颂》之调，以使音声动作的表现都归于正道。如果发出声音的话，则使其声音足以令人愉悦，却不会流于淫靡；而且交织之乐章足以使人心思清晰，而不会陷于昏昧；通过乐曲节奏的曲直、繁简、缓急等，充分感动人之善心，使邪恶之气没有寄身之处。这就是先王制定音乐之方略。先王用这样的方式制定音乐，墨子却还以音乐为非，这是为什么呢？

《荀子·乐论篇第二十》(续前)

故乐在宗庙之中，君臣上下同听之，则莫不和敬；闺门之内，父子兄弟同听之，则莫不和亲；乡里族长之中，长少同听之，则莫不和顺。故乐者，审一以定和者也，比物以饰节者也，合奏以成文者也，足以率一道，足以治万变。是先王立乐之术也，而墨子非之，奈何！

〔子安译〕因此，在宗庙里君臣上下一起听音乐的话，则相互之间会和睦、恭敬；在家庭里父子兄弟共同听音乐的话，则相互之间会和睦、亲近；在乡里同族间年长者与年少者共同听音乐的话，则相互之间会和睦、从顺。因此音乐以一种乐器为标准调和全体，也是各种乐器相互比较，饰以节奏，加以调整。正是节奏相合、颇具文采的音乐，才能够成为统治之术，因其有一贯之道，同时又能应对各样的变化。这正是古代先王设乐之缘故。尽管如此，墨子仍然要非难音乐，这是为什么呢？

第十八讲 论"礼"

作为共同体祭祀中的行为规范的祭祀礼仪，大概是"礼"的雏形吧。徂徕认为对上天和祖先父母的祭祀，是先王治理国家之枢轴。根据这样的先王观，先王之祭祀礼仪同时也是具有政治意义的国家礼仪。祭事即政事。这样以祭祀礼仪开始的"礼"，不久，就被自觉地化为一种社会行为规范，用以维系以国家为首的社会共同体之秩序。"礼"作为礼仪被体系化了。从汉代开始，对"礼"之意义进行语言表现的分节化及体系化的工作，体现在"礼仪三百，威仪三千"这样的语汇中。它是完备礼的圣人之道最盛大的表现。《中庸》（《礼记》中的一篇）有言："大哉圣人之道！洋洋乎发育万物，峻极于天。优优大哉！礼仪三百，威仪三千，待其人而后行。""礼仪三百，威仪三千"就成为形容圣人之道之盛大的语言。正是通过汉代这样的展开，"礼"成为中国文化的社会体系。日本伦理学者西晋一郎就曾经这样说："礼在今日被限定在文化的范畴内，而在古代，则是中国人生活状态的全部。若懂得礼，就懂得中国人……礼是中国人以人为中心将天地万物各自按其理连贯统一，因此它是包括了所有的人之生活的样式。"（《礼之意义与构造》，亩

傍书房，昭和十六年）

西氏虽然用这样的方式将"礼"等同于自古以来中国之生活体系，但是，其实这是以后世中国统治者建立的礼教世界为前提的。礼教的世界成立于皇帝统治下的中国，它并非源自于孔子。

的确，孔子很重视"礼"。不过《论语》中所有关于"礼"的言说，几乎全都是在对"礼"进行重问。《论语》中对学、仁、君子等的问题，全都是一种重问。换言之，孔子是第一个对这些问题进行重问的人。在"礼"这个问题上，孔子也是第一个重新叩问其意义的人。如果没有把握住孔子之重问的意义，我们怕是很难理解《论语》最后的这句话吧："子曰：不知命，无以为君子也；不知礼，无以立也；不知言，无以知人也。"（尧曰篇最终章）

八佾第三·第十五章

子入太庙，每事问。或曰："孰谓鄹人之子知礼乎？入太庙，每事问。"子闻之，曰："是礼也。"

关于本章之一般的理解，我们可以看一下金谷氏的翻译：
〔金谷译〕先生在太庙之中，对礼仪一一详细询问。有人说："不是有人说鄹之官吏之子懂礼这样的话吗？可他还在太庙之中一样一样地问呢。"先生听说此话，说："这（这样慎重行事）就是礼了。"

【仁斋古义】

太庙，是鲁之始祖周公之庙。那时，孔子第一次入太庙事奉祭祀。"鄹，鲁邑名。孔子父叔梁纥，尝为其邑大夫。孔子自少以知礼闻。或人因此讥之。夫子言，不知而问，即是礼也。盖'知之为知之，不知为不知，是知也'（为政篇十七）之意。"

某人关于"都说孔子知礼，可他明明什么都不知道"的非难中之"礼"，与孔子针对此非难的回答"每事问，是礼也"中的"礼"，其包含的意义不同。仁斋将"不知为不知"当做真正的知，并以此来认定后一种"礼"的含义，并因此认为，孔子最后的"是礼也，犹曰是道也"。孔子此言如果真如金谷所译的那样，是"慎重行事"之意的话，那么，孔子并没有对前一种非难之言中的"礼"提出任何问题了，而只是对现有的"礼"添加了慎重、谨慎小心等字眼而已。

【子安评释】

本章中的孔子是个凡事皆问的人。凡事皆问即为"学"。"学"即为学古，循前人之遗文来考虑问题。对孔子而言，这种"学"，正意味着对"学"为何物、"知"为何物等问题的重问。所谓"学"，就是一边寻古，一边对之进行重问。这是很重要的。问礼于古，一边学习，一边重新叩问"礼"为何物的问题。《论语》中孔子对"礼"的论说，都与对"礼"为何物这一问题的重问密切相关。

八佾第三·第三章

子曰："人而不仁，如礼何？人而不仁，如乐何？"

《八佾篇》的第三章，一般被理解为是接续前两章而成的。朱子注云："季氏曰：'礼乐待人而后行，苟非其人，则虽玉帛交错，钟鼓铿锵,亦将如之何哉?'然记者序此于八佾、《雍》、彻[1]之后,疑其为僭礼乐者发也。"(《论语集注》)引申一下,则本章意在"非难不具仁德之王者,言其即便行礼奏乐,又如何哉"。本章作为第三章,其意义果然要依靠前两章才得以成立么?然而,本章作为《论语》中具有重要意义的一章,是因为它探讨了礼乐与行礼乐者之间关系的本质问题。对孔子而言,抛开人的因素,礼乐是不成立的。

【仁斋古义】

或曰:"仁者恻隐之充实也,何关于礼乐?"我回答说:"所谓仁,慈爱恻怛之心,众德之所由生。万事之所由立,仁人之于天下,何事不成,何行不得,况于礼乐乎?"

这是将《论语》中与礼乐相关的言说,完全彻底地从"仁"的角度,从恻隐之心这一对他人的慈爱之心的角度进行理解的代表性范例。仁斋说,只要拥有对他人的爱,则礼与乐都能够成立了。

八佾第三·第四章

林放问礼之本。子曰:"大哉问!礼,与其奢也,宁俭;丧,与其易也,宁戚。"

---

[1] 《八佾篇》第一章:"孔子谓季氏,'八佾舞于庭,是可忍也,孰不可忍也?'"(这是在责备对方身为臣子,却在自家家庙之中演奏天子之八佾舞乐。这是僭越之举。)第二章:"三家者以《雍》彻。子曰:'相维辟公,天子穆穆',奚取于三家之堂?"(身为鲁之臣子的三家在祭祀中,用《雍》之歌为撤去供物过程时的伴奏曲。孔子说:"《雍》之歌中有这么一句,'侍奉祭祀的是诸侯臣子,天子庄严端坐于庙堂之上'。而在三家庙堂之中为什么会奏这个曲子呢?")

林放是鲁国人。他向孔子询问礼之根本的问题。孔子视其为大问题，并回答说："礼之为物，与其豪奢，不如以节制谨严为本。行丧葬之时亦是如此。把丧礼仪式的一切细节都安排得井井有条，不如深切地向逝者致哀。"

孔子对"礼"进行重问的意图，于此表露无遗。

颜渊第十二·第一章

颜渊问仁。子曰："克己复礼为仁。一日克己复礼，天下归仁焉。为仁由己。而由人乎哉？"颜渊曰："请问其目。"子曰："非礼勿视，非礼勿听，非礼勿言，非礼勿动。"颜渊曰："回虽不敏，请事斯语矣。"

"克己复礼"一章已于本书第七讲"问'仁'"中详述，现在再次提起，思考其在本章中是否有独特的意义。

后世对本章的理解几乎都受到朱子的影响。我们先来看朱子的解释："仁者，本心之全德。克，胜也。己，谓身之私欲也。复，反也。礼者，天理之节文也。为仁者，所以全其心之德也。盖心之全德，莫非天理，而亦不能不坏于人欲。故为仁者必有以胜私欲而复于礼，则事皆天理，而本心之德复全于我矣。"（《论语集注》）

对"克己复礼"的解释将以天理为基础的朱子之伦理学的精华阐释得淋漓尽致。所谓成"仁"，必须在"心"上下功夫，战胜私欲，使"心"回复到以"仁"为其全德的"本心"（天理）。同时，在外部行为的世界中，也能实现作为"天理之节文"的理想的社会秩序。

"复礼",就是回复心之本性,同时也是重新建立社会原本的伦理秩序。这是一种由"复礼"的本来主义的伦理学立场出发进行的解读与解释。这一本来主义的立场,即认为心的原本状态被私欲所遮蔽,而社会也被非公共性的私性所搅乱。只有将这些东西连根拔除,这种本来性(天理)方能恢复,进而达到社会伦理的实现。朱子的解释就是从这本来主义的伦理学的立场出发进行的完全的解释。而贯穿这一解释之始终的,正是"天理"这一宇宙论的法理。即只要把握了这一理论,就能够支配世界,朱子的解释中含有这样的特性。"礼",以及"天理之节文",亦即"天理",于是就成了能用以贯穿整个国家社会秩序的体系(与宇宙秩序相接续)之物。汉代被定为国教的"儒教",到了宋代就产生了作为天下之伦理学的朱子学。"礼"就这样成为这一天下之伦理学的核心概念。"礼"就是作为"天理"的天下秩序。

不过,所谓"克己复礼"真的如朱子所说的,是具有回复天理之本然这一本来主义的意义的语言吗?金谷治从古注"克己,约身也"的解释,将这句话读成"克服自己回复礼"(己れを克めて礼を復る),也就是说"(于内)约束己身,(于外)重返礼(之规范)"的意思。这也算是将朱子学的解释相对化的一种理解吧。只是我仍然认为,"克己复礼"其实是在讨论私我之一己性与社会之共同性之间的问题。如果我们将"礼"理解为与人之共同性、社会性相关联的行为规范的话,那么孔子对颜渊说的话就可以理解成"超越私我一己的立场,重返与人共同的礼,就是所谓的仁了"。

"一日克己复礼,天下归仁焉"这句话,如果不以治理天下之执政君主为前提的话,是很难理解的。我认为,颜回拥有治世之志,因此孔子针对他说了这句话。此外的理解都是后世从儒教作为国教的立场出发对其进行的润色。

最后我们来看一下仁斋的解释："克，胜也。己者，对人之称。复，反复也。克己者，犹舍己从人之意。言不有己也。（中略）克己则泛爱众，复礼则有节文。故能泛爱人，而亦能有节文，则仁斯行矣。"

先进第十一·第一章

子曰："先进于礼乐，野人也；后进于礼乐，君子也。如用之，则吾从先进。"

"先进"与"后进"和"前辈"与"后辈"同义。但此处"先进"指的是周初的先（前）人们，而"后进"指的是周末与孔子同时代的人。"野人"指具乡土气息的质朴之人，与之相对的是"君子"，指具有城市风尚的教养丰厚者。此时，在将时代及人进行古今对比的过程中，孔子这样论礼乐："周初先人之礼乐，就好比乡下人的礼乐。当今时代的礼乐，是堂堂君子的礼乐。若要我来从两者之间选择其中之一的话，我会选择遵循周初先人的礼乐吧。"

"野人"之礼乐与"君子"之礼乐之间的对比，很多人都会将之解读为"质实"（质）与"华美"（文）之间的对比，更有甚者将其作为内在的诚实与外在的伪饰之间的对比来理解。这是一种典型的后世发展起来的、由二元对立的概念构筑起来的言说，例如内与外，虚与实，文与质等。涩泽荣一氏概括了这一立场："孔子云：野人与君子，皆非礼乐之中道。然礼乐本非玉帛钟鼓之末，其本源于人心之忠信。文饰只不过从之而已，以致徒具形式之末而失其本。因此，若吾位居上位，可择礼乐,则吾宁用质胜似野人之先进之礼乐,而不取文饰过盛之后进之礼乐,亦即君子之礼乐。盖若以质胜文,则礼之本存;而若文饰过盛,则趋末而失本焉。"(《论语讲义》)

这是站在后世人文观的立场的言说,它重视内面的诚实与质朴。而孔子当时不会有这样的观点。孔子应该是以"吾从野人之礼乐"这样的反语表达方式,对礼乐进行的重问的吧。徂徕说:应当把孔子这句话与"礼,与其奢也,宁俭"一同思考。我同意徂徕的立场。

尧曰第二十·第三(最终)章

子曰:"不知命,无以为君子也;不知礼,无以立也。不知言,无以知人也。"

站在孔子对"礼"的理解的立场上,我们应该如何解读《尧曰篇》最后这一章中的"不知礼,无以立"呢?《尧曰篇》本身是汉代《论语》编撰进入最终阶段时添加上去的一篇,且全篇仅有三章而已(朱子)。虽然有后世补填的嫌疑,但是以本章为《论语》作结,应该是合适的。将本章用现代口语直译如下:"孔子说:若不知道天命,则不能成为君子;若不懂礼,则无法在世上站立得住;若不明白某人的话,则不会懂得某人是什么样的人。"

但是就算用现代口语翻译了,也不能说明就能多么深刻地理解了孔子的这句话。"知天命"是什么?"知礼"又是什么?"知言"呢?这些关键词没有搞明白,孔子此言的意味也就不甚了了。但是,孔子这句话给了我们相当于提出这样的问题的重要线索。虽然了解自己所遭遇的事情都具有来自上天的必然性，但至于自己所具备的能够成为君子的重大条件是什么，则需要自己追问方可。孔子说人在世上要能站立得住，必须懂礼。作为成年人之自立究竟是什么意思，这个问题必须在与社会规范之间的关系中进行追问。另外，孔子还说，要了解一个人是否值得相信，必须要从了解他说的话开始。一个人的语言，原本就是人之本质的表现。所谓"信"，就是对语言的信任。而所谓"知人"，就是了解他的话是不是实在的东西。孔子最后教给我们的，不正是对人类世界而言最重要的话么？

第十九讲 弟子们的《论语》之一
——曾子·子夏·子贡

《论语》的主要章节，都是孔子与弟子之间交流应答的记录。不仅如此，《论语》中也有不少是由弟子为主要叙述人的章节。《学而篇》第二章是有子（有若）的话，第四章是曾子（曾参）的话。甚至连《论语》中记载的孔子之言语与教诲，也都是通过孔门弟子的记忆传之后世的。这样一来，在《论语》中孔子的言语与教示之成立的背后，隐藏着从孔子到弟子、再从弟子到弟子的弟子这样绵延的时间过程。不只如此，认识到使《论语》得以成立的是孔子的众弟子这一点，也会促使我们重新思考阅读《论语》的视点问题。一般来说，《论语》的解读者们把自己的视点放在孔子的立场上，或者说从孔子的角度进行阅读。孔子说了什么，如何教育弟子诸如此类，一般都会努力从孔子的角度去理解。但是，当我们意识到使《论语》得以成立的却是孔门众弟子，那么这等于告诉我们一个从弟子的角度阅读《论语》的新视点。或者说，孔子之言说的意义可以依据弟子的角度来理解，这不是更清晰么？起初，我只想要理清《论语》中孔子的弟子们的情况，可是我很快发现，从弟子们的角度来读《论语》，能够更清楚地了解《论语》的另一面，孔子的形象也更鲜明。因此，所谓"弟子们的《论语》"绝非最后拼凑的章节，而是引导新的《论语》阅读方法的初始篇章。

曾 子

曾子名参，字子舆，鲁国人，比孔子年轻四十六岁。他是孔门系谱中重要的人物。关于曾子，本书中的"三省"章（学而篇四）与"一以贯之"章（里仁篇十五）中谈过了。

泰伯第八·第五章

曾子曰："以能问于不能，以多问于寡；有若无，实若虚；犯而不校，昔者吾友尝从事于斯矣。"

〔子安译〕本身已经有了才能，并不以此自足，好问甚至去问没有才能的人；拥有了丰富的知识，并不以此自足，甚至去问寡陋之人；自己有知识和才能，却认为自己犹如无能；自己身怀才艺，却感觉自己犹如才疏学浅；因此志在获得更多，积累更广，度量更大。有时来自他人的细微冒犯，或对自己的无礼，也不与之对抗，而是愈益学习精进，完成自身的修养。以前，我的朋友中就有专心致力这样事情的人。（据涩泽荣一：《论语讲义》翻译）

"吾友"据古注是指颜回。颜子比曾子年长十六岁。对年长的颜子，曾子会称之为"吾友"吗？不管怎么说，曾子这里是以回顾的方式叙述孔门之学风以教导后世。此时对孔门之学风的重新叙述，就带上了教训的理想化形式。而这种理想化与虚构之间，仅有一步之遥。"以能问于不能，以多问于寡，有若无，实若虚"，这种态度总有些惺惺作态之嫌。特别是"以能问于不能，以多问于寡"一点，有些令人费解，说白了，这叫伪善。而我认为，孔子最憎恨的就是这种伪善吧。

拳拳服膺于《论语》中孔子之言的人，会变为伪君子，真是如此吗？当然，我并没有视曾子为伪君子的意思。从曾子"三省"的话来看，曾子应该是个诚实且具有很强的反省精神的实践者。然而，当他向后世弟子们传达孔子的教诲时，他的语言本身就成了具有抽象性与规范性，类似口号的话了。

泰伯第八·第七章

曾子曰："士不可以不弘毅，任重而道远。仁以为己任，不亦重乎？死而后已，不亦远乎？"

【朱子集注】

弘，宽广也。毅，强忍也。非弘不能胜其重，非毅无以致其远。仁者，人心之全德，而必欲以身体而力行之，可谓重矣。一息尚存，此志不容少懈，可谓远矣。

【徂徕征】

徂徕说"学而为士"，因此曾子此言中"凡言士者，诲学者之言也。""弘"是规模宏远之意。"毅"解作勇。"仁以安天下，可谓重任。故非规模宏远者不能焉。负重任而致远，死而后已者，亦谓非死不舍重任也。"

〔诸桥译〕"曾子言：大丈夫立于世上，度量不可不宽广，意志不可不强劲。何哉？因大丈夫之一生，例而言之，则如负重物行远路。士以实现仁，此一最高之道德为己任。此任非不重乎？只要一息尚存，至死皆不可放弃实行此重任。此路途不远乎哉？"

【子安评释】

孔门之年轻继承人曾子，从很早开始就将孔子关于仁道的教诲，视为自己一生要持续背负的课题了吗？这一沉重的课题，曾子是秉持着"死而后已"的决心来承担的。孔子关于"仁"之教诲，连同他的死，都是异常沉重的课题。而曾子则秉持着将持续担负这一重担的坚定决心，继承了这些课题。我们似乎能从本章中听到在这些沉重的课题与其艰苦的决心的压迫下，曾子发出的呐喊之声。自从曾子以"任重而道远"及"死而后已"坦诚心迹以来，在两千年的历史洪流中，肩负着沉重的历史课题，同时不断地重复着"任重而道远"这句话的人有多少呢？所谓国士，指的是那些开口把国家这一沉重课题和死而后已的决心联系起来，并同时承担下来的人士。明治维新中出生的众多国士又通过昭和之维新重现了明治维新的盛举。

德川幕府之家臣的涩泽氏，深深体会了曾子此言，并由此回忆起德川家康。他引用东照公遗训中"人之一生，如同负重物且行远路"之语，用长达数页的篇幅回忆了家康统一天下的艰难历程。如同身为儒家必须背负曾子背负过的沉重课题一样，身为德川家之家臣也必须去承受家康背负过的沉重课题。家康之遗训直至明治时代，仍为人传诵不绝。

子　夏

子夏姓卜，名商，字子夏，卫国人，比孔子年轻四十四岁。

先进第十一·第十六章

子贡问："师与商也孰贤？"子曰："师也过，商也不及。"曰："然则师愈与？"子曰："过犹不及。"

子张名师，比孔子年轻四十八岁，与子夏（商）几乎同辈，所以两人才经常被拿来进行对比的吧。比他们年长的子贡（比孔子年轻三十一岁）向孔子询问对二人的评价。孔子说子张"过"，说子夏"不及"，不过被评价为"过"的子张并不占优。因为孔子说"过犹不及"。那么"过"与"不及"分别是什么意思呢？看一下朱子的解释。"子张才高意广，而好为苟难，故常过中。子夏笃信谨守，而规模狭隘，故常不及。"（《论语集注》）子张天分较高，故常常做得过火吧。另一方面，子夏则忠厚笃实，但略为消极。不过在比较两人时，孔子说"过犹不及"，毋宁说是在对"过"的子张提出警告吧，而并非如朱子所说，认为中庸为宜，因此对两人都提出警告。孔子宽容的目光是朝向笃实的子夏的。他后来说的"起予者商也！始可与言《诗》已矣"（八佾篇八），就是对子夏表示赞赏。

子张第十九·第六章

子夏曰："博学而笃志，切问而近思，仁在其中矣。"

《论语》中所载的子夏之言，可谓是将孔门之教浓缩于其中的精辟之言。《学而篇》第七章可视为子夏之言的代表——"子夏曰：贤贤易色，事父母能竭其力，事君能致其身，与朋友交言而有信。虽曰未学，吾必谓之学矣。"《子张篇》中本章之前的第五章也有："子夏曰：日知其所亡，月无忘其所能，可谓好学也已矣。"这些也只能说的确有道理。不过在子夏的这些话中，最值得记住的应该是本章吧。

关于博学，若"学"就是超越一己私见学习前人与他者的经验（见闻）的话，那么"学"原本就应该是指博学。狭隘的学习不算是学习，只能算是穿凿拘泥，是"学"之反面。然而，博学又必须有对"学"的诚笃的志向贯穿始终。博学仅仅是博识，抑或能够充实自己的人生，增加思想的深度，取决于"志"之有无。诚笃的志向，其实就是指切实的叩问。通过学习得到了什么，或者没有得到什么，取决于学者心中有没有切实的叩问。没有叩问的"学"只能是空疏之学。然而，这种叩问从何而来呢？它来自于对切近己身的各种事情的思考。例如，周日发生在秋叶原的轰动性事件[①]。对此事件作切近己身的思考的话，能从中生发出很多很多切实、具体的问题。这不是关于该事件是否还会发生这类的思考，而是与我在讲《论语》过程中提到的问题相关的思考。这样思考的话，我们自己就能领会到子夏所说的"仁在其中矣"的含义了。孔门中的"学"，并不只是对知识的追求，而是认识到生活本身就是一种"学"。正是因为我们失去了这种"学"的认识，我们才会对"仁在其中矣"感到困惑不解。

[①] 指的是2008年6月8日正午稍过，发生于有"行人天国"之美称的秋叶原的杀人事件，又被称为"秋叶原无差别杀伤事件"。这个事件在日本引发了沉痛的反思。——译者注

朱子云："四者皆学问思辨之事耳，未及乎力行而为仁也。然从事于此，则心不外驰，而所存自熟，故曰仁在其中矣。"(《论语集注》)也就是说，朱子将博学、笃志、切问、近思四者视为学问思辨之事的同时，又试图从实践此四者的学者的心性之成熟中，去发现"仁"。继承朱子的解读，现代的学者的翻译如下："认真关注博学、笃志、切问、近思等四者，就会发现这四者不能直接地转化为仁，但其中具备了体得仁道的要素了。"[①]所谓学问以及从事具体专业之学者的成立，其实就是将"学"与"仁"之实行分开来考虑的。过去的学者就是学道之人，而学道与行道并不可分。专业的儒家学者的出现，就意味着这两者已经被分割，被视同两物了。而学问变成学者之专业，实际上就意味着笃志、切问、近思三者的丧失。随着时代的发展，这种丧失更严重了。学问失去了灵魂，这就是现代的学问。它只不过是架空的叩问而已。

子张第十九·第五章

子夏曰："日知其所亡，月无忘其所能，可谓好学而已矣。"

把日、月分开来说，是互文的修辞法，实为"日日月月了解自己不足之处，日日月月不忘自己能做的事"之意。(诸桥辙次：《论语之讲义》)顾炎武之名著《日知录》的标题即典出于此。

[①] 吉田贤抗：『論語』，新釈漢文大系1，東京：明治書院，1960年。——译者注

【仁斋古义】

　　天下之美，莫大于知学。天下之善，莫大于好学。而聪明才辨不与焉。人而不知学，则不可以为君，不可以为臣，不可以为父，不可以为子。至于夫妇、昆弟、朋友之伦，皆不得其所。故圣人以好学，为人之美称。而其于颜子，不称其颖悟，而称其好学，则可见好学之善。天下蔑以加焉。

这是最佳的评价。《后汉书》把本章与此前举例的章节视为孔子的原话。的确这两章都准确地转达了孔子的学习之精神。

子　贡

　　子贡姓端木，名赐，卫国人，比孔子年轻三十一岁，是个聪明又有如簧巧舌的才子型的人物。曾仕于鲁国与卫国，在外交方面有天赋，且长于理财之道。

学而第一·第十章

　　子禽问于子贡曰："夫子至于是邦也，必闻其政，求之与？抑与之与？"子贡曰："夫子温良恭俭让以得之。夫子之求之也，其诸异乎人之求之与？"

　　子禽比孔子年轻四十岁，是子贡的师弟，也是子贡的弟子。孔子为追求政治上的机会而周游列国。于是，子禽向比他更早追随孔子的师兄子贡询问孔子这一参与政治（出仕）的方法问题。或许孔子的弟子已经感觉到，拥有政治志向，为寻找得以一展抱负的舞台而周游列国却屡屡受挫的孔子，与不断教导弟子要求道、说仁、成君子的孔子之间，有着不可不填补的差距。子禽的这个问题，表明他对孔子之政治参与抱有一定程度的怀疑。而子贡的回答是，解释孔子的政治观或与执政者之间的关系中含有孔子自身的有德性，试图以此来打消子禽问题中所包含的疑虑。

〔子安译〕子禽问子贡："先生到了一个国家，一定会被邀请参政，这是因为他自己去求官呢，还是对方主动给予他机会呢？"子贡回答说："先生温和善良，恭谨节俭，且懂得谦让，因此凭着这种德性才得到与政的机会。先生求官的方法，与普通人求官的方法，到底还是不同的啊。"

子贡的这一回答，结果变成如朱子所言，为我们描绘了以其拥有的伟大德性感动并引导着执政者的圣人孔子的肖像。

【朱子集注】

> 温，和厚也。良，易直也。恭，庄敬也。俭，节制也。让，谦逊也。五者，夫子之盛德光辉接于人者也。（中略）言夫子未尝求之，但其德容如是，故时君敬信，自以其政就而问之耳，非若他人必求之而后得也。圣人过化存神之妙，未易窥测，然即此而观，则其德盛礼恭而不愿乎外，亦可见矣。学者所当潜心而勉学也。

只是就算子贡强调孔子求政治参与的方法与他人不同，也不能否认一个事实，那就是孔子至少在六十八岁之前，还一直在四处寻找能一展抱负的所在。涩泽氏就论及这一点："子贡因为尊敬孔子才这样说，但尽管如此，也难说孔夫子绝对没有求官之意。以余拙见，孔夫子直至六十八岁老境，仍颠沛流离，巡访诸国，何也？不就是为了参与各国政事，以期实现先王之文化政治么？若是如此，则不可说其绝无求取之意。或者他有此求取之意也未可知。求参与政事，本身并无不可之处。若吾志在复兴王道而救人民于患难之中，则求此之志恰为吾之所以为忠也。"(《论语讲义》)

年轻的子贡的确很好地把握住了孔子追求参与政治的精神。

子罕第九·第十三章

子贡曰："有美玉于斯，韫椟而藏诸？求善贾而沽诸？"子曰："沽之哉！沽之哉！我待贾者也。"

首先我们通过金谷的翻译来了解本章的大意。

〔金谷译〕子贡说："假设这里有一块美玉，是把它收藏在盒子里呢，还是找个识货的买家把它卖掉呢？"先生说："卖了吧，卖了吧。我在等着好买家呢。"

金谷从徂徕的解释，将"善贾"解释为好买家，也就是能正确辨识出商品（美玉）的品质及价值的买家。朱子注"贾"通"价"，则"善贾"为高价，或者好价钱之意。两种解释在要寻求一个能够很好评估孔子之价值的买家方面是一致的。不过，在对"善贾"一词的理解方面，我更认同徂徕的意见。另外，现在子贡通过对品质佳美的宝玉是收藏起来好，还是找个识货的买家卖掉好这样的问题，想要问孔子的是，对于兼具资质与见识的孔子而言，难道不应当找到好的执政者而入仕，使自己的资质得以发挥么？孔子针对这个问题的回答是，卖了好，卖了好，我在等着好买家呢。孔子是站在参与政事的立场上这样祈愿的。

两人之间的这段问答，应该发生于孔子五十二岁入仕于鲁国之前吧。孔子五十岁的时候，子贡十九岁。本章记录了评价夫子有"温良恭俭让"品德的子贡十几年前年轻时的样子。子贡提出的问题，显示出他对参与现实世界的强烈关切与志向。而回答问题的年逾半百的孔子，则还保持着"为东周"的强烈志向。而理解孔子这一志向时不可不读下面的"公山弗扰以费畔"一章。

公山弗扰以费地为据点，起兵背叛季氏，并招孔子入仕。孔子想去，但是子路却不乐意。此事若发生在鲁国定公九年的话（孔安国），则孔子时年五十一岁。

【参考】

阳货第十七·第五章

　　公山弗扰以费畔，召，子欲往。子路不说，曰："末之也，已，何必公山氏之之也？"子曰："夫召我者，而岂徒哉？如有用我者，吾其为东周乎？"

公山氏是季氏的重臣，统领作为季氏领地之费地。他（《春秋左氏传》中名作"公山不狃"）后来占据费地树起叛旗。正是这位公山氏想要招募孔子入仕，而孔子也想要接受招募。子路对此很不高兴，说："为什么要接受公山氏这样一介叛乱者的招募呢？"对此孔子回答说："想要招募我，并不是徒劳无功的吧。如果有可以用像我这样的人的地方，那么我就哪里都会去的。因为我很想以那里为据点，在鲁国再现周代的盛世景象（为东周）啊。"

不过公山氏的叛乱起于定公九年（《史记》），平息于定公十二年（《春秋左氏传》）。这样的话，已经入仕于鲁国并官封大司寇的孔子，还会响应公山氏的招聘，这点难以想象。因此有认为此章为伪作。诸桥氏就说，本章是《论语》编撰过程中战国策士的作为（《论语之讲义》）。就算有后世伪作的嫌疑，本章之成立，终究还是以孔子"为东周"之志向为基础的。正是这一志向为孔子对政治的关注提供了动机。或者说，正是因为有了孔子的"沽之哉，沽之哉"，才会有"如有用我者，吾其为东周乎"这样的话吧。

公冶长第五·第十三章

子贡曰："夫子之文章，可得而闻也；夫子之言性与天道，不可得而闻也。"

本章是《论语》中最广为人知的章节之一，同时也是争议性最强的章节之一。也有人说：可从本章找出关于孔子思想之特质的决定性的评价。的确如此吗？我对此表示怀疑。第一，儒家教条中，以"人性"为主题的讨论，出现在《孟子》里；而以"天"或"天道"为前提的人伦教义得到拓展则是在《中庸》里。因此，这些问题是孔子之后才形成并主题化的，并非由孔子提出。我以为："夫子之文章，可得而闻也；夫子之言性与天道，不可得而闻也"是后世通过进一步限定孔子立场的方式，以便达到让其立场更鲜明化而编撰、插入的言辞。然而，解释各家都将之作为子贡的原话加以解读。

【朱子集注】

首先看看朱子的版本：朱子把"文章"当做"德之见乎外者，威仪文辞皆是也"。所谓"性"是"人所受之天理"；所谓"天道"是"天理自然之本体"。因此，所谓"性"与"天道""其实一理也"。以朱子对

"文章""性"和"天道"的性理学解释为基础,本章可解读如下:"文章,德之见乎外者,威仪文辞皆是也。性者,人所受之天理;天道者,天理自然之本体,其实一理也。言夫子之文章,日见乎外,固学者所共闻;至于性与天道,则夫子罕言之,而学者有不得闻者。盖圣门教不躐等,子贡至是始得闻之,而叹其美也。"

这是依据朱子性理学的语言与体用论的理论所做的代表性解释。同时,其中也暴露出该解释的随意性特征。中井履轩一针见血地指出了朱注中的错误:如果"文章"是孔子的"德容威仪"的话,那么它应该是"可观而不可闻"的。(《论语逢原》)尽管如此,朱子的解释还是支配了众多现代学者的观点。这大多是因为朱子哲学本体论的立场。例如,吉田贤抗的评论:"孔子避免做出形而上学式的推论,而强调能够直接现于言行的道德的重要性。然而,孔子并不是无视普遍之真理。这里所说的'文章',是许多人之德性的表现,是国家社会之秩序礼制。而它最终是植根于人之本性的,只要读一下'仁远乎哉?我欲仁,斯仁至矣'这句伟大的话,就明白了。"(《论语》,新释汉文大系)

【仁斋古义】

仁斋以"文章"为"礼乐典籍",解本章如下:"夫子之教人也,其礼乐文章,粲然若明,皆可得而闻也。唯其言性与天道,则不可得而闻焉。盖圣人之心,笃于好善,故知人性之皆可以进于善,而天道之必佑善人也。故其言性曰:性相近,习相远也。其言天道曰:天生德于我,桓魋其如予何。然验之于人事,则疑乎人性之不能皆以进于善,而天之不必佑善人也。盖有非信道好德之至,不能辄信者矣。此子贡之所以为不可得而闻也。"

仁斋否定了朱子的所谓本体论真理(天理)的性理学。他不认为

"性"与"天道"都是不容易接近的深邃哲理。但是,仁斋同样认为:孔子所说的"性"与"天道",都具有人不容易理解的理念性,即所谓"人性进于善"及"天佑善人"的理念。而这一理念,只有在把"道"作为可信之物的前提下,才能开始理解其含义。

逐一阅读诸家的解释之后,我们会发现,子贡的这句话其实位于这些后世的解释的对立面。这句话中呈现出的孔子像,位于"孔子之文章可闻"与"孔子之性与天道不可闻"这对相反的命题的交错点上。而后世的解释都在试图填补存在于这两个命题之间的鸿沟。"文章"就是诗书礼乐这些文化形式,或者是以具体形式呈现出来的文化。其实子贡的意思是,能够从孔子那里听到的,是夫子之言,即应学这些"文章"。后世的解释是不是都把孔子置放于观念性的彼岸,或者都把孔子抬升到理念的高架上了呢?仁斋亦不免于此啊。

第二十讲 弟子们的《论语》之二
——樊迟·子游

樊 迟

樊迟名须,字子迟,鲁国人,比孔子年轻三十六岁。

雍也第六·第二十二章

樊迟问知。子曰:"务民之义,敬鬼神而远之,可谓知矣。"问仁。曰:"仁者先难而后获,可谓仁矣。"

樊迟作为提问者出现的章节并不多,但就在这些为数不多的章节中,樊迟几乎都对孔子教示中的根本概念提出了问题。孔子对弟子说了许多关于"仁"的话,但直接向孔子"问仁"的却很少。而在这很少的"问仁"章节中,有三个问题来自于樊迟。樊迟的名字,也是因为他的"问仁"或者"问知"等而被后世记住的吧。我也正是从《雍也篇》的这一章中知道樊迟的名字的。

那么，樊迟这一针对根本原理提出的问题，孔子又是如何回答的呢？孔子的回答向来是根据提问者做出的具体的解答。有关根本性概念的原理性提问，孔子绝不会用抽象的概念式语言来回答。现在樊迟"问知"，孔子"务民之义，敬鬼神而远之"的回答是后世的我们绝对预想不到的。这样的回答方式在我们这里不存在了。仔细想来，《论语》中孔子的回答，几乎全都是根据提问者做出的具体的回答。言语或思维的抽象化，都源自对孔子这些具体回答的解释。换言之，就是试图用解释的言辞来填补概念性提问与具体回答之间的空隙。"仁"与"知"的概念都是依据这些解释性的言辞而形成的。

这样来看的话，我们就能够重新思考《论语》这一孔子的文本所具有的原初性特质。我们通过思想史的解读，将遮蔽了《论语》文本的众多解释作为后世附加的而将它们相对化，从而使《论语》文本的原初性在解释的彼岸显露。这并不意味着发现的是《论语》的原初文本，我们发现的，是敞开了更多可能性的文本，是我们能够通过叩问而获得更多意义的可能性的文本。而作为这种文本的《论语》带有的这种可能性，就是我所说的《论语》文本的"原初性"。

【仁斋古义】

在这里，从樊迟的提问与孔子的回答中导出"知"这一可谓现代性概念的，正是仁斋。"敬者，不侮慢之谓。远者，不亵渎之意。专用力于人道之所当为，而不求媚于鬼神之不可知，知之至也。……'敬鬼神而远之'，能用其知而不惑者也。若夫弃日用当务之事，而用力于渺茫不可知之地者，岂可谓知哉？'"

这句话与《先进篇》第十二章"问事鬼神"的注释中仁斋所说的话相呼应："盖仁者务用力于人道之所宜，而智者不求知其所难知。苟用力于人道之宜，而又能尽生存之道，则人伦立矣，家道成矣，于学问之道尽矣。"

由此我们可以看到，"知"之概念的成立是通过自我限定而形成的，自我限定就是对不可知、不可测的世界不过问、不关心。这是仁斋分析孔子针对樊迟问题的回答后得出的答案。

【子安评释】

本章的后半部分，樊迟"问仁"，孔子回答说，"仁者先难而后获，是谓仁也"。朱子对此的解释是："先其事之所难，而后其效之所得，仁者之心也。"据此中村惕斋敷衍道："仁者见事之当然，不论其如何困难，都以其为先，不惧劳苦，勇于实行，以获功为后，并无一丝计较之意。"（《论语示蒙句解》）只是这样的敷衍解释，能否填补樊迟的问题与孔子的回答之间的落差呢？为了填补这一落差，程子说："先难，克己也。以所难为先，而不计所获，仁也。"（《论语集注》）就这样，程子甚至动用了"克己复礼"中的"仁"来解释。

为什么针对问仁，孔子要答以"先难而后获"呢？这是针对提问者樊迟的特殊性给出的回答吗？朱子说"此必因樊迟之失而告之"（《论语集注》），说此话的目的是为了对樊迟的缺点提出规劝。《论语》中孔子还曾经说"小人哉，樊须也"。有一天，樊迟向孔子提出"想学稼（栽培庄稼）"。孔子说"吾不如老农"。后来樊迟又说"想学圃（种蔬菜）"，孔子又回答说"吾不如老圃"。樊迟退下后，孔子对这个误解了君子应当学习的对象的学生大发感喟："小人哉，樊须也！"（子路篇四）或许正是这样的樊迟才会提出那样的问题，也或许正是针对这样的樊迟，孔子才会给出那样的答案。但是对樊迟的人物评价尽管可以用来补充说明上述问答发生的情景，却不能用来填补问答之间的落差。为什么孔子要如此回答樊迟的问题呢？这个问题，在《论语》中孔子与弟子间的问答里或多或少都存在。也只有在我们把弟子们的提问与孔子的回答之间的落差当成落差来认识的时候，我们探求《论语》中孔子之言之新意义的旅程，才算正式开始。

颜渊第十二·第二十一章

樊迟从游于舞雩之下。曰："敢问崇德，修慝，辨惑。"子曰："善哉问！先事后得，非崇德与？攻其恶，无攻人之恶，非修慝与？一朝之忿，忘其身，以及其亲，非惑与？"

"舞雩"是为祈雨而筑的高台，也是孔子与弟子们时不时会去散步的地方。"慝"是心中隐藏的恶。"修"则是"治而去之"之意。

〔子安译〕跟着孔子一道在舞雩散步的樊迟问老师："斗胆请问您，要想提升德性，抑制恶心，解开困惑，该怎么做才好呢？"孔子回答说："问得好！该做的事情先做，作为报偿的利益，以后再考虑，这不就是提升德性的方法吗？主动对付自己心中的恶，而不去攻击别人的恶，这不就能抑制恶心了吗？因为一时的愤怒而失去自我，结果连累到身边亲近的人，这不是令人困惑吗？"

前面谈及孔子与樊迟之间的质疑回答中存在落差，而本章则是传达那存在落差的问答的实质。樊迟的所谓"崇德修慝辨惑"的问题，和所谓"问仁"及"问知"的问题相同，都是属于显得矫揉的原理性提问。但孔子的回答令人感觉好像他一直在等着这个问题。孔子的"善哉问"，通常被误释为"很好的问题"，其实"善哉问"应译为"问得好"，表明孔子一直在等着樊迟提问。

对"崇德"问题，孔子教导他要"先事后得"。这与前面《雍也篇》第二十二章中的"先难后获"的意思相同，只不过换了种表达形式而已。《雍也篇》中樊迟问的是"仁"，此处樊迟问的是"德"，问题也属同类。如此一来，《雍也篇》的问答中的落差问题，也适用于这里的问答。只是《颜渊篇》中的本章，孔子将有落差的回答之内在本质清楚地展示出来了。樊迟素日里的言行举止的确构成了孔子回答的依据。但是，若这样说的话，就变成要依据樊迟的行为来说出这一存在落差的回答了。朱子也认为，"皆以所以救其失也"，是孔子想要以此来纠正樊迟的缺点。解说者的意思是，治疗樊迟之病的药，就是孔子的这句话。但是若将它作为治疗樊迟之病的特效药的话，那么，这药对其他人是否也有效呢？就很成问题。孔子针对樊迟一个人做出的具体的教示，怎么能对我们起作用呢？仁斋的解释就是在这个基础上做出的："此虽因樊迟之病而告之，然圣人之言，实万世之典则，学者之懿范。人人所当佩服者也。"（《论语古义》）

孔子因樊迟的弊病而提出的特殊具体的教示是圣人之言，因为它是圣人之言，具有对万世万人的普遍教育意义。由此，我们要把孔子给予樊迟的具体教示，解读为对我们也同样有益的教诲。但在这样解读的同时，我们错失了孔子之教的原初样态。

孔子常常针对具体的人进行具体的指导。孔子也的确强调要以"仁"为目标提升自我。不过当弟子问仁的时候，孔子总是根据该弟子在其人生的具体阶段的状态，给予具体的解答。这就是"教"。谈论"仁"之整体可以算做"教"吗？这大概可以算做普遍性的教义体系，但绝对不是对人的教导。教导人的语言，原本就应该像孔子给予樊迟的这些回答。《论语》展现给我们的，正是"教"之最原初的样态。

子 游

子游姓言，名偃，字子游，吴国人，比孔子年轻四十五岁。

雍也第六·第十四章

子游为武城宰。子曰："女得人焉尔乎？"曰："有澹台灭明者，行不由径，非公事，未尝至于偃之室也。"

子游当上了鲁国武城的县令。从孔子与子游之间的年龄差距来看，这应该是孔子晚年（六十五岁左右）的事情吧。孔子问"你得到人才了吗"的这句话，可算是经验丰富的年长者对初涉政事的新人最中肯的进言了。子游回答说："有个叫澹台灭明的人，他走路决不走小径，总是走大路。另外，如果不是因为公事，他绝对不会到我家里来。"

子游的这句话，可称得上是"知人"之典范性发言，为后世的执政者及经营者反复传诵。涩泽荣一氏用数页纸的篇幅，回忆明治时代实业界领军人物的用人经验。与此相反，徂徕的《论语征》中却对本章不着一字。这倒是符合徂徕的一贯风格。像这么一句被后世执政者奉为金科玉律的话，是完全不会刺激徂徕注释的欲望的。

阳货第十七·第四章

子之武城，闻弦歌之声。夫子莞尔而笑，曰："割鸡焉用牛刀？"子游对曰："昔者偃也闻诸夫子曰：'君子学道则爱人，小人学道则易使也。'"子曰："二三子！偃之言是也。前言戏之耳。"

子游任武城县令之时，也就是和前章差不多的时期，到访武城的孔子听到弹琴唱歌的声音。那是年仅二十岁年轻的子游在武城推行以礼乐为本的政治实践。孔子微笑了。"莞尔而笑"是对年轻的子游之勇猛精进的肯定，也是年长者对年少者初生牛犊不怕虎气势的感慨与欣然吧。因此，孔子才会对子游说"杀鸡而已，何必用到牛刀呢"。子游对此言颇感意外。老师不是经常说君子（士大夫）与小人（庶民）应该一同学道的吗？"'君子若学道，则能爱民育民；小人若学道，则不会乱了长幼之序'，不是您一直教导我们的吗？"子游反驳道。孔子听了这话，对身边的弟子们说："子游说得没错。刚才是戏言啊。"我觉得此章就是充分体现了年老的孔子与年少的弟子之间年龄差异的一段小插曲。

刚才对《雍也篇》中子游之言未置一词的徂徕，对本章则加了相当繁复的评论。徂徕认为，"杀鸡焉用牛刀"一语是孔子之微言。所谓"微言"，就是不直接说话，而是用似乎非本意的话，暗示事情的真相。"子游之宰武城，必有急务也。而子游不知也。礼乐之治，徒循常法，几乎迂矣。然其事必有不可显言者，故孔子微言尔尔。及于子游犹尚弗悟也，孔子直戏其前言，而不复言其意耳。"以当时鲁国实际的政治情况为依据的徂徕，将孔子此言作微言解。这是徂徕深入政治文脉的风格独特的解读。或许从孔子说此话的时间点来看，此话确是微言大义。但是孔子之弟子却并未将此话当成微言来流传。徂徕这位英才对孔子发言的原意世界的解读有些太过头了。

第二十一讲 弟子们的《论语》之三

——颜回·子张

颜 回

颜回字子渊，鲁国人，比孔子年轻三十岁。

颜回比孔子年轻三十岁的记录，见于《史记·仲尼弟子列传》。其中记载颜回早逝于鲁哀公十四年，孔子七十一岁时。如果《史记》的记载正确，则颜回死时当为四十一岁。可是《孔子家语》中记有："年二十九发白，三十一早死。"这样的话，颜回应该比孔子年轻更多。不论颜回死时是四十一岁，还是三十一岁，他的早逝都让七十一岁的孔子悲恸哭泣。孔子说"非夫人之为恸而谁为"（先进篇十），并感叹"噫，天丧予"（先进篇九）。孔子用如此生动的语言来表达自己的情感，在《论语》中仅仅出现在颜渊死时。孔子将继承一己之学的期望全都放在颜渊身上，而颜渊的早逝，让孔子只得感慨"连天都放逐了我"。或许孔子已经知道，颜渊的死，也正是一己之"学"的终结。

在《论语》中孔子有多处提及颜渊乃"绝后之人"[①]。孔子这么说，也的确这么想。因为在颜渊之后再没有出现可与他比肩的弟子了。这就好比痛失爱子的父母，在自己的追忆之中，愈益感到逝去爱子的珍贵。

雍也第六·第七章

子曰："回也，其心三月不违仁，其余则日月至焉而已矣。"

这是孔子称赞有德行的颜回之言辞。至于这句话是在颜回生前说的，还是死后说的，不得而知，看上去像是前者。但是"回也，其心三月不违仁"这句话，不正是说颜回是个"绝后之人"么？孔子已经是在看着一位再不可得的弟子了。孔子的这句话正是要表达这个意思，即孔子在颜回身上看见的是个不可再有后来者的弟子。然而，注释家们大多都不这样看。朱子从本章中创造出关于"心"的理论，仁斋则以此为基础阐述关于"仁德至大"的观点。

【朱子集注】

首先来看看基于朱子之立场的解读："仁，人心之全德也。不违仁，心仁一体，无相违。盖颜子之德纯粹近圣人，故其心不违仁。三月间，一旦失足，微有违，即时归仁，又不相违。持续三月后，再不云违。后之余字，颜子外之诸弟子也。日月至，或日一次，或月一次，达至仁之境界……居不久也。"（中村惕斋：《论语示蒙句解》）

"一念一念，皆不离仁，即念仁时，一旦豁然，则通往仁之道路

---

① 絶後の人，即颜渊之后再无来者之意。——译者注

不就敞开了么？以烧炷香的功夫或修行，就能成就学问，或者到达仁境，岂不是过于轻巧的奢谈么？"（吉田贤抗：《论语》，新释汉文大系）现代的论语学者们就是这样若无其事地用朱子学的心术概念来解释"仁"。

【仁斋古义】

"此美颜子之心，自能合于仁也。言为仁天下之至难也。唯颜子之心，能合于仁，而至于三月之久，亦自不违。若其他文学政事之类，彼虽不用力，以日月自至焉而已矣。"仁斋认为"其余"指的是道德实践之外的文学、政事。

【子安评释】

几乎所有的解释都将本章作为对仅次于圣人孔子之贤者颜子的赞赏之词来理解。他们并没有从中体味出孔子的另一层意思，就是他在颜子身上看到了超越自己的可能性，以及颜子之后再无来者之意。后世解读亚圣颜子都是为了构建道学的谱系而进行的阅读。现代的注释者们亦都是这一道学的构建者。

雍也第六·第十一章

子曰："贤哉，回也！一箪食，一瓢饮，在陋巷，人不堪其忧，回也不改其乐。贤哉，回也！"

我在本章中也读出了孔子把颜回视为再无后来者的意思。的确，孔子后来说："饭疏食饮水，曲肱而枕之，乐亦在其中矣。不义而富且贵，于我如浮云。"（述而篇十六）但在这句话中，孔子是用反语的方式表现真正有德之人的生存方式。不过，与之相对的是，他在本章中对颜回的评价"一箪食，一瓢饮，在陋巷"却不是反语。孔子确实认为，以后不会再出现身居陋巷却仍矢志于学，并享受这样的生活的颜回。这句话可以是在颜回生前说的，也可以是在其死后说。因为孔子的确认为颜回独一无二，是个"非常好的男子"。正因如此，他才在颜回去世时失声痛哭，好像颜回之死，也宣告了孔子自己的终局那般，仰天长叹"噫！天丧予！"（先进篇九）。

孔子这样表达自己对颜回的看法，令我很感动。如果说这句话教会了我们什么，那不正是孔子视颜回"一箪食，一瓢饮，在陋巷"的人生为独一无二再无来者的人生这一独特的看法本身的么？《论语》中包含这样一种对人生的看法，或者说对生命意义的叩问，这些不正是《论语》配得上被称为经典的价值所么？

然而，解释者们却不这样看。朱子引用程子的话："昔受学于周茂叔，每令寻仲尼颜子乐处，所乐何事？"就是说周子经常问程子"令颜子感到快乐的事情是什么"。孔子此言中的教示是由于上述的问句而被引发出来的。而朱子对上述的问题是这样回答的："学者但当从事于博文约礼之诲，以至于欲罢不能而竭其才，则庶乎有以得之矣。"可见他从中读出的是一种能够发现学道修行之结果的境界。

雍也第六·第三章

哀公问："弟子孰为好学？"孔子对曰："有颜回者好学，不迁怒，不贰过。不幸短命死矣！今也则亡，未闻好学者也。"

与此章几乎相同的内容，在《先进篇》第七章中以季康子提问的形式又出现了一次。

〔子安译〕哀公问孔子："您的弟子当中，最好学的是哪一位？"孔子回答说："曾有一位叫颜回的，好学，不迁怒于他人，不会犯同样的错误。然而不幸早死！现在已经没有了，我没听说过还有好学的人了。"

用"不迁怒，不贰过"作为"孰为好学"问题的答案，有答非所问之嫌。涩泽氏将这句话理解为是对哀公的劝诫之语（《论语讲义》）。我同意这样理解。《先进篇》的版本是这样的："孔子对曰：'有颜回者好学，不幸短命死矣。今也则亡。'""今也则亡"大多都以"现在已经不在世"解，但这样的话，不是和前半句"不幸短命死矣"重复了吗？还是应该理解成"颜回死后，现在已经没有好学的弟子了"这样为好吧。如果认为"亡"同"无"，那么"今也则亡"又与"未闻好学者也"句重复了。钱穆列举了一种说法，即原本此句当作"今也则未闻好学者也"，并翻译为："可惜短命死了，现在则没有听到好学的了。"（《论语新解》）我也觉得"今也则亡"应该解作"自颜回之后，再也没有好学者了"。号称有七十二弟子的孔子却没有从中发现可以与颜回媲美之人。"再也没有好学者了"这句话，似乎是在感慨自己之"学"也已经随着颜回之死而宣告终止。我把孔子的"噫！天丧予"（先进篇九）这句话解释为，孔子自己已经感觉到，上天对他宣告了终结。因为孔子知道，颜回一死，就不再有人能够继承一己之"学"，或者说得更准确些，不再有人能够继承自己的向"学"之志。所谓"今也则亡"，正是表达孔子的这一想法。

仔细想来，孔子之"学"与孔子之思想，不都是与他自己的人生共同终结的吗？不仅仅是孔子而已，孟子也好，朱子也好，亲鸾[①]与道元[②]也好，甚至黑格尔、马克思，不是尽皆如此吗？这里要问的是对"学"及思想的继承问题。对"学"与思想的继承究竟意味着什么？所谓继承，不正意味着形成学派与理论性学说吗？人们继承朱子的思想而创建了朱子学，继承马克思的思想而创建了马克思主义。同理，继承孔子的思想创建了儒学。通过继承孔子之思想的人而流传下来的《论语》里面，刊载着宣告一己之"学"之终结的孔子的言说，这非常重要。因为这是对"学"之形成、结束和继承问题的最原初的呈现。

子 张

子张姓颛孙，名师，字子张，陈国人，比孔子年轻四十八岁。

子张与子夏等人都属于孔子弟子中最年轻的一辈。我们前面已经看到孔子对将两人相比较一事做的回答，说"过犹不及"（先进篇十六）。子张是"过"的一方，而相对于愚笨，孔子对才气过剩者更加严厉些。关于子张，曾子也做过评价，"曾子曰：堂堂乎张也，难与并为仁矣。"（子张篇十六）说子张是具有堂堂风格的士，但不是共同行道的同志。子游也说过几乎相同的话："子游曰，吾友张也，为难能也。然而未仁。"（子张篇十五）子张是能够完成别人办不到的事情的堂堂之士，但他并不是仁者。孔子直截了当地指出"师也辟"（先进篇十八）的缺点。朱子的解释是："辟，便辟也。谓习于容止，少诚实也。"辟是指一

[①] 亲鸾（1173—1263），日本佛教净土宗初祖。——译者注
[②] 道元（1200—1253），日本佛教曹洞宗创始人。——译者注

个人犹如为了讨好别人，行为、举止、容姿遮遮掩掩，不够诚实正直的态度。

卫灵公第十五·第六章

子张问行。子曰："言忠信，行笃敬，虽蛮貊之邦，行矣。言不忠信，行不笃敬，虽州里，行乎哉？立则见其参于前也，在舆则见其倚于衡也。夫然后行。"子张书诸绅。

〔子安译〕子张问应该如何行事。孔子回答说："言忠信（就是说的话要发自真心），行笃敬（就是行为要诚恳恭谨），那么就算到蛮荒的国度都一样能做好事吧。如果言不忠信，行不笃敬，那么就算在本乡近邻中也做不好事吧。站起来的时候眼前也浮现出这六个字，坐在车上的时候在车的辕木上也看见这六个字。要这样的话，你才可以开始做事。"子张听了此话，就将这六个字写在腰带上，每天不离身。

"问行"就是问事情的成就，比如怎么行政事可以达成目标等等。对这个问题，孔子的回答是六个字——"言忠信，行笃敬"，果然是专门针对子张提出的答案。从其弟子的角度，方能看到孔子语言中的生动之处。若非如此，则只能看见忠信与笃敬这种抽象的教义了。仅这六个字就有足够的力量，成为孔子的一种教义。

本章还包含了此问答之后的信息，"子张书诸绅"。子张是想要让别人看见他是一个多么拳拳服膺于夫子之言的人，还将这六个字写在腰带上。这真是对"忠信、笃敬"四字最完美的讽刺，而后代众多对《论语》拳拳服膺的读者们也都在重复着这种讽刺。

"子张听闻,以示拳拳服膺之心,立即将其书写于绅带之上。忠信笃敬,原本即为今世之青年,无论男女,甚感必要之事。看似迂远,却绝非如此。若急功近利,反非成功之捷径也。"(涩泽荣一:《论语讲义》)

为政第二·第十八章

子张学干禄。子曰:"多闻阙疑,慎言其余,则寡尤;多见阙殆,慎行其余,则寡悔。言寡尤,行寡悔,禄在其中矣。"

〔子安译〕子张欲学入仕为官得俸禄的方法。孔子说:"多学习前辈的所见所闻,剔除其中有感到怀疑之部分,或者危险之部分,遵照着剩余值得取信的部分,慎言行之。这样做的话,就会少受到责备,自己也会少后悔,而得官禄之道自然就敞开了。"

朱子在《论语集注》中引用了程子的话:"修天爵则人爵至,君子言行能谨,得禄之道也。子张学干禄,故告之以此,使定其心而不为利禄动(下略)"如果要从专门为子张提供的解答中,提炼出具有普遍意义的教训的话,大概就是程子的这句话了吧。这可算是模范的解答。但是,"多闻阙疑,慎言其余,则寡尤;多见阙殆,慎行其余,则寡悔"的建议是极端消极的。这种小心翼翼、如履薄冰的隐居者态度,果真是普遍意义的教训么?这里所说的,不就是相对于刚愎自用不如谨言慎行,不容易行差踏错的陈词滥调么?但是,如果我们把孔子的这句话视为是单独针对子张而发,则其意义不就非常明了了么?拥有卓越的才能、举止堂堂的子张,也是行事太"过"的子张。正是针对这样的子张,孔子才提供了如此消极的建议。孔子的回答是对求官禄而言最迂回的一条路径。就像此前子张问"行事",孔子答以"言忠信,行笃敬"一样,这里的"慎言慎行"是一个意思。

总之,孔子的回答就是要子张做一个能取信于人的君子。而成为君子,并不是求取官禄,或者获得成功的手段。的确,也许成为君子,则仕途之道自然敞开,事情也就有了成就。但是成为君子不是一种手段,而是一种自我目的。孔子无奈之下,只能用这种自我目的性的道德言辞来回答子张的提问。

龟井南冥说,这句话是孔子在了解子张"过"的性格基础上给予的一种对症下药式的解答。换言之,他想抑制子张的好大喜功,教导他"在细节上要谨慎"的道理。①

---

① 龟井南冥:『論語語由』(全三册),無求備斎論語集成,臺北:藝文印書館印行,1961年。

第二十二讲 弟子们的《论语》之四

——子路

子 路

子路姓仲，名由，字子路、季路，卞国人，比孔子年轻九岁。

《史记·仲尼弟子列传》云："子路性鄙，好勇力，志伉直，冠雄鸡，佩豭豚，陵暴孔子。孔子设礼稍诱子路，子路后儒服委质，因门人请为弟子。"如"政事：冉有，季路"（先进篇三）所言，他是个能够在政治上大展拳脚的人，有领导才能，能够勇猛刚毅地面对权力世界的人。因此他被称为"有勇之人"。孟武伯问过孔子，子路仁乎？一开始孔子说"不知也"。武伯"又问"，孔子回答："由也，千乘之国，可使治其赋也，不知其仁也。"（公冶长篇八）朱子注云："赋，兵也。古者以田赋出兵，故谓兵为赋。"（《论语集注》）孔子的意思是：子路是能统率一国军队的人，至于是不是仁者，我就不知道了。在孔子的弟子中，子路恐怕是侍奉孔子最久的一位，一直以其刚直与勇毅守护着孔子。孔子虽然对这位勇猛过头的弟子多有劝诫，但是他也深爱子路。孔子与子路之间的问答是《论语》中最富有魅力的部分，我也因此感到在孔子的众弟子中，子路是最富魅力的弟子。

公冶长第五·第七章

子曰："道不行，乘桴浮于海，从我者其由与？"子路闻之喜。子曰："由也好勇过我，无所取材。"

对世间道之不行深有感触的孔子慨叹道："不如坐上小木筏出海去吧。那时能跟着我的就是由了吧？"子路听闻大喜。到这里为止都没有问题。问题出现在孔子说的关于子路的最后一句话上。"由也好勇过我，无所取材"作何解呢？

【朱子集注】

朱子认为"材"与"裁"同，裁量之意。"无所取材"就是"不能裁度事理"之意，也就是说，子路过于勇猛，不能根据义理来裁量自己的行为。夫子所谓"乘桴浮于海"只是虚言。子路却视其为孔子认同自己的勇力的实在之言。"故夫子美其勇，而讥其不能裁度事理，以适于义也。"

【仁斋古义】

仁斋说"所取材"是要取用来做木筏的材料。因为做渡海的木筏需要巨大的木材，而这需要智力与才干才能找到。"盖子路有济物之志，而无济物之才，故戏之耳。"

【徂徕征】

徂徕认为，"乘桴浮于海"是孔子之微言，实为"涉艰难也"。"盖孔子所言，其事之至难，乃非独力所能济，而所可与共者，又难其人。

唯子路好勇，故假设云尔，非实许子路也。子路不解假设之意，喜其言与己共行。故孔子又曰……只恐其无所取桴材，欲从而卒不能从耳。盖言与大事涉艰难，非勇之所独能，亦必有其具乃可为也，无经济之材则不能也。"

【子安评释】

孔子所谓"乘桴浮于海"，的确是一种假说。他说的并不是因为这国家"道不行"，为了逃避而想出海。但是这句话真的如徂徕所说，是一种影射"涉艰难"之微言吗？"乘桴浮于海"不是依然符合孔子形象的具有真实性的语言吗？于乱世之中，投身旋涡而勉力纠正世道人心，这是勇力过剩之举，或者说是以盲勇为正义的行为，为孔子所不取。而这是子路之勇。子路就是凭着其一贯的刚勇，在卫国的内乱中丢掉了性命的。

〔子安译〕孔子说："在这里，道完全得不到实行，不如乘着木筏到海上去漂流吧。跟着我去的大概是由吧。"子路听闻，知道自己能够跟从夫子，因而大为高兴。孔子说："由的勇气有些太过度了，首先做木筏的材料该从哪里来呢？"

这里的孔子虽然对子路的勇毅抱有信赖之情，但同时也担心他那过度的勇毅。尽管如此，这里的孔子依然喜欢着忠诚地追随自己的子路。所以，我不认为此章中含有训诫的意思。

述而第七·第十一章

子谓颜渊曰："用之则行，舍之则藏。惟我与尔有是夫！"子路曰："子行三军，则谁与？"子曰："暴虎冯河，死而无悔者，吾不与也。必也临事而惧，好谋而成者也。"

〔子安译〕孔子对颜渊说："如果有用，就出仕行道；如果被舍弃，就怀道隐退。能取这种态度的，大概只有我和你两人吧！"子路说："如果是率领三军作战的话，先生您会和谁一起呢？"孔子回答说："赤手擒老虎，无舟亦渡河，就算死了也不后悔，我是不会和这样的人联手的。我想与之联手的人，是遇到大事喜欢慎重周全地计划的人。"

【子安评释】

这实在是很好的文章。孔子在子路面前特别拿颜渊出来做例子，说我（孔子）和颜渊，都不会在道之不行时，还随便卷入权力抗争的乱局中，勉强去行道。子路没理解这句话其实是针对他说的，反而凭恃自己的勇力说："但是老师，如果是率领三军作战，先生您一定会需要我的吧？"面对这样的子路，孔子耐心地教诲说："暴虎冯河，死而无悔者，吾不与也。"这真是绝妙的教示。仁斋解释说："若夫敬事而不妄动，悉虑而要其成者，实君子之心，众之所倚赖。夫子之所与，必在于此。"（《论语古义》）仁斋还是读出了教训的味道，特地从孔子的话中读出教训的味道，其程度总是差不多。但这样的读法，难道不是扼杀了孔子的活生生的"教"之方法么？面对挺着胸脯问"行三军则谁与"的子路，孔子的回答是："由啊，你要是以为我会和赤手搏虎，无舟渡河，死而无悔的人一起的话，可就大错特错了啊！"孔子的这一教诲就是真正生动的"教"法。我们必须学习这样的"教"法，而不是老生常谈的教训方法。

公冶长第五·第二十六章

颜渊、季路侍。子曰:"盍各言尔志?"子路曰:"愿车马衣轻裘,与朋友共,敝之而无憾。"颜渊曰:"愿无伐善,无施劳。"子路曰:"愿闻子之志。"子曰:"老者安之,朋友信之,少者怀之。"

此处"言志"是指说自己平日里希望的事情,或者留意的事情。"衣轻裘"意为衣服与皮裘,"轻"疑为衍字。"伐"即夸耀,夸口。"施劳",朱子解作夸大功劳之意,但据古注则是将劳(辛苦麻烦的事)推给别人的意思。孔子"老者安之,朋友信之,少者怀之"之志,朱子的理解是:"老者养之以安,朋友与之以信,少者怀之以恩。"朱子学派的学者们据此解释本章,将圣人孔子说这句话的原因敷演如下:"凡天下之人,不出老少同辈三者。安之,信之,怀之,其人各自心中即有本该如此之道理,以此理相应之,则皆可各得其所。是天地之造化万物之道理,心亦同之。"(中村惕斋:《论语示蒙句解》)仁斋的解释是:"老者志瘁,故安其意,而使无忧虑也。朋友易离,故坚守信,而不相遐弃也。少者畏上,故怀来之,而为其依归也。"同时,仁斋也与朱子学派一样,认为"至于夫子,则欲凡人之接我者,无一不得其所",以此作为对孔子之圣人性的评价。注释者们都专门集中精力,试图从子路、颜渊与孔子三人各自陈述自己心愿的本章中,寻找出作为圣人之言的孔子之言究竟具有怎样独特的性质。

〔子安译〕颜渊与季路在身边服侍孔子的时候,孔子说:"怎么样?大家各自说说自己平时心里希望出现的事情是什么吧?"子路说:

"我希望能把车马和衣服、皮裘和朋友们分着用，就算东西用坏了，我也没有怨言。"颜渊说："我希望自己即使做了好事，也不向人夸耀；麻烦的事情也不推给别人。"子路说："先生的心愿也说给我们听听吧。"孔子说："我希望能够自己对待老人时，让他们更加心安地生活；对待朋友时，希望以更加巩固友情的诚信和他们交往；对待年少者时，希望能与他们建立忘年之交。"

【子安评释】

子路的心愿的确符合子路的风格，"优等生"颜渊的心愿也不出所料。而孔子说的，也让人有诚然如此的感慨，但不至于要将它专门上升到与天地至理同一等级的圣人之言来理解。这样理解的话，本章就失去了它的生动性。我觉得孔子听了季路和颜渊的心愿，是表示肯定的。然后他才接受季路的请求说了自己的心愿，而这个心愿连即便不是圣人的我们也要留心为好。

述而第七·第十九章

叶公问孔子于子路。子路不对。子曰："女奚不曰：其为人也，发愤忘食，乐以忘忧，不知老之将至云尔。"

《论语》中有一句令人难以忘怀的话，而子路恰恰是引出这句话的关键人物。

〔子安译〕叶公问子路孔子是个怎样的人。子路没有回答。孔子听说后就对子路说："你为什么不这样说呢？就说孔子这个人啊，还是那么发愤工作，连吃饭都忘记了，有时候高兴起来就忘记了忧愁，甚至都好像不知道自己马上就要老去了一样。"

【子安评释】

解释者们必定会将孔子的这句话,理解成是发愤求道,得到欢欣;或者发愤求学,而一旦学有所成就欢欣鼓舞等。例如朱子说:"未得,则发愤而忘食;已得,则乐之而忘忧。以是二者俛焉日有孳孳,而不知年数之不足,但自言其好学之笃耳。"(《论语集注》)还有仁斋也说:"知道之无穷而难得,故发愤;知道之可安而它无所求,故乐;发愤故愈力,乐故不倦,此所以忘食与忧,而不知老之将至也。"(《论语古义》)圣人之发愤与快乐,非得如斯理解不可。孔子很重视音乐,当然这也是他的一大乐趣。还有,和弟子们一边交谈一边在舞雩散步,也是孔子的乐趣。为什么就不能是这些事情呢?在老境将至的年龄,无论做任何事情还要发愤忘食,享受乐趣的时候能够忘记了忧愁,仅这一点就足够优秀吧?我觉得,孔子能把这样的话流传下来,就表明他是很伟大的了。

述而第七・第三十五章

子疾病,子路请祷。子曰:"有诸?"子路对曰:"有之。诔曰:'祷尔于上下神祇。'"子曰:"丘之祷久矣。"

本章是很难解的一章,解释可谓是千人千说。不用说,本章的难点就集中在孔子最后的一句"丘之祷久矣"的解法上。因为我们已经不了解构成孔子与促使他说出这句话的与子路对话的情景。子路请求孔子同意的祈祷究竟指什么?孔子的"有诸"又是在反问什么?再就是,子路为了证明"有诸"而举的例子中的"诔"又是什么？这些问题不仅我们现代人没有答案，早在《论语》注释工作开始的汉代，对当时的情况就已经不甚了了了。因此，注释才成为必要的工作。关于本章的解释，后世的解释者们基本上都没有参考孔安国等人的注释，就各自解释开了。下面举两个现代学者的解读为例：

【吉川论语】

  子路请求向神明祷告来消灾去病。（中略）（孔子说）你想向神明祷告，那么祷告了病就能好，有这样的先例吗？子路回答说（中略）有这样的先例。于是，他举了名曰《诔》的文献中的"祷尔于上下神祇"这一句为证。题为《诔》的文献有很多，具体所指已不明。一般意义上的"诔"，指的是人死后颂扬其功绩的文章。大部分学者都认为这里说的不是这种"诔"。于是孔子回答说，这样啊，这样说来，如果有祈祷的内容的话，我长久以来都一直在祈祷了。为了不想受到神明的责备，就让自己一直祈祷着呢。事到如今，专门为这事祈祷已经没有必要了。看起来孔子像是这个意思。孔子并不是没有意识到神的存在。只是神对孔子而言，并不是需要帮助的时候就才去求援的神，而是人应该用自己的自主性做正确的事情。这样的话，神自然就会来帮助你的。孔子似乎是这样想的。

【宫崎论语】

  宫崎把将"诔曰"句读成"诔曰，祷尔于上下之神祇"。由此他的翻译是："孔子患病，且病情日益严重。子路请求为之祈祷。孔子曰：有这样的先例吗？子路对曰：有啊。古《诔》篇中，有向上下之神祇祷告的句子。孔子曰：这句话是这个意思的话，那么我从很早以前开始就自己在祷告了。本章的意义想来大概是这样的：子路最初请求的祈祷，恐怕是追随当时民间的信仰，也就是举行一些迷信的仪式。而孔子问的'先例'，其实是在问这种仪式是否循礼。子路听到这话才突然变了想法，引用了古代典籍中的句子来回答，说要正确地向天神地祇来许愿。孔子于是说，这种祈祷的话，我很早以前就已经开始了，现在没有必要拜托你了。"(《论语之新研究》)

【子安评释】

以上两例具有代表性。不同的解释者可以说对本章都会作出不同的解释。这些差异最终都归结到解释者们究竟从"丘之祷也久矣"这句话中提炼出怎样的孔子形象。当然他们不会是任意地描画孔子形象，而是以《论语》中孔子的言辞与文章为重要前提，然后赋予它们解释者自己的世界观与人性观（人間観），从中生成具有个性色彩的孔子形象。一般来说，对孔子的这种最终的理解，都是由朱子及解读先驱者去完成的，读者自己是很少插手的。我认为孔子对天是带有终极信仰的。因此这句话可以说是出自这种信仰的言辞，是一种将天作为终极依靠的表现。我以为，"我本来就曾向天地的神明祷告啊"这句话就是孔子自然说出的一句话。

第二十三讲 弟子们的《论语》之五
——曾晳·冉有

曾 晳

曾晳名点。《孔子家语》云:"曾点,曾参父,字子晳,疾时礼教不行,欲修之,孔子善焉。《论语》所谓'浴乎沂,风乎舞雩之下'。"但是,《史记》仅仅因为曾晳之名出现于《论语》"浴乎沂,风乎舞雩之下"句中而将其收入,却并没有说他是曾参的父亲。曾晳之名,可以说仅仅是因为曾经出现在《论语·先进篇》第二十四[1]章中,而流传于后世。另外,《孟子》的《离娄篇》中,曾经提及曾晳是曾子之父,且在列举狂者之时,将曾晳列入其中(《尽心》)。

先进第十一·第二十四章

子路、曾晳、冉有、公西华侍坐。子曰:"以吾一日长

---

[1] 杨本中,该章被列为《先进篇》第二十六章。——编者注

乎尔，毋吾以也。居则曰：'不吾知也。'如或知尔，则何以哉？"

〔子安译〕子路、曾皙、冉有、公西华四个人，坐在孔子身旁。孔子说："虽说我比你们年长，但是不要有所顾忌。平日里你们总说：'没有人认同我们。'假如有人认同你们，要任用你们的话，你们想做什么呢？各自说说你们的志向吧。"

冉有，名求，字子有，比孔子小二十九岁。公西华，复姓公西，名赤，字子华，比孔子小四十二岁。子路是四人中最年长的，仅比孔子小九岁。曾皙的年龄不详，或许年少于子路吧。子路在孔子晚年（七十三岁，哀公十五年）时横死于卫国之乱。这样看来，本章所记录的对谈，应当发生在孔子生命最后几年且子路仍然在世的时候。

子路率尔对曰："千乘之国，摄乎大国之间，加之以师旅，因之以饥馑；由也为之，比及三年，可使有勇，且知方也。"夫子哂之。

〔子安译〕子路立即站起来说："拥有一千辆战车的国家，在各大国之间挣扎求存。尽管发生战争，加上遭遇饥荒这样困窘的局面，若任用我来治理该国政事的话，那么三年之后，我可以让这个国家的人民有勇气，懂得义。"夫子听了，微微一笑。

"求！尔何如？"对曰："方六七十，如五六十，求也为之，比及三年，可使足民。如其礼乐，以俟君子。"

〔子安译〕孔子问冉求："求,你呢?"冉有回答说:"假如一个方圆六七十里或五六十里大小的国家让我来治理的话,三年左右我可以让那里的人民衣食丰足。只是要实现礼乐之治的话,我期待比我更优秀的君子来实现。"

"赤!尔何如?"对曰:"非曰能之,愿学焉。宗庙之事,如会同,端章甫,愿为小相焉。"

〔子安译〕"赤,你呢?"孔子又问公西华。"我还不能说我可以,但是我愿意学。我想在宗庙举办祭祀,或诸侯会谈的时候,穿上礼服,戴上帽子,当个辅佐的小官。"

"端"指玄端,即黑色的礼服。"章甫",礼冠也。

"点!尔何如?"鼓瑟希,铿尔,舍瑟而作,对曰:"异乎三子者之撰。"子曰:"何伤乎?亦各言其志也。"曰:"莫春者,春服既成,冠者五六人,童子六七人,浴乎沂,风乎舞雩,咏而归。"夫子喟然叹曰:"吾与点也!"

〔子安译〕孔子转向曾皙,问道:"点,你呢?"曾点把手中断断续续弹着的瑟"咔嗒"一声往边上一搁,站起来回答说:"我的志向和三位刚才说的都不一样。"夫子催促道:"那有什么关系?不过就是各自说说自己的志向。"曾点答道:"我想在暮春时节,穿上刚做好的春服,和已经行冠礼的五六个青年,还有未行冠礼的六七个少年一起,到沂水里沐浴,然后在舞雩台上吹吹风,唱唱歌,然后回家。"夫子深深叹了一口气说:"我的志向和点的一样啊!"

"撰"有各种解释,古注作"具"(棋);仁斋认为,"撰"指的是心里本来就具有的想法,即"志";也有解作"撰述"(诸桥辙次);还有说古时作"僎"字,同"诠"字,意为"善"(金谷治)。"铿尔"形容放置东西时发出的声音。"沂"是位于鲁城东南部的河流。"舞雩,祭天祷雨之处,有坛墠树木也。"(朱子:《论语集注》)

三子者出,曾皙后。曾皙曰:"夫三子者之言何如?"子曰:"亦各言其志也已矣。"曰:"夫子何哂由也?"曰:"为国以礼,其言不让,是故哂之。""唯求则非邦也与?""安见方六七十如五六十而非邦也者?""唯赤则非邦也与?""宗庙会同,非诸侯而何?赤也为之小,孰能为之大?"

〔子安译〕子路三人退下。最后剩下曾皙,他问夫子:"对刚才三位的话,您怎么看?"孔子说:"三人都各自说了他们的志向而已。"曾皙问:"那先生为什么听了由说的话后笑了呢?"孔子说:"要治国必须以礼,但是由的说法也太不谦虚了。求很谦虚地说以礼治国要更待君子,但是不管是方圆六七十里也好,方圆五六十里也罢,不都算得上是个国了么?治国是必须要以礼的呀。赤呢,说他的志向是在宗庙会盟的时候当个辅佐的小相。但是能举行宗庙会盟的不是诸侯还能是谁?那是诸侯之国的礼啊。赤要在这么重大的仪式上当个小相,那还有谁能当大相呢?"

【子安评释】

本章是《论语》中篇幅最长的一章,其中记录了孔子的三位弟子,即子路、冉有和公西华三人对孔子的问题各自进行回答的场景。孔子的问题是"如果有人认同你们的才能，要任用你们为政，那么你们想做什么呢"，三人为回答问题各自陈述了自己的抱负。最后一段是孔子针对三人的回答提出的批评，因此总体看来，三位弟子的发言加上孔子对之的批评就是本章的基本构架。曾晳在他们的边上弹瑟，在本章的场景中，他居于旁观者的位置。也是因为这样，曾晳最后的回答，与上述三人的回答的性质全然不同。换言之，他的回答与前三人共有的命题（为政）是毫不相关的局外人的回答。所谓"到沂水里沐浴，然后在舞雩台上吹吹风，唱唱歌，然后回家"一句，正好表明了曾晳那事不关己的回答方式。

然而，孔子认同的却是曾晳这个局外人的回答，使局面为之一变。曾晳陡然间成为本章的另一个主题中的主角。所谓另外一个主题，则是深深叹息着说"吾与点也"的晚年孔子。对局外人曾晳的话表示叹息且加以赞同的孔子，是于现实的乱世中将自己边缘化的孔子。而这位孔子形象通过曾晳的一席话给烘托出来，而是，曾晳在本章中原本是个旁观者，换言之，只是个配角，而他的话却起到了关键性的作用。并且，他也是引出了后半部分孔子对三人的批判的人。还有，通过曾晳这个局外人的发言，本章的另一主题得以凸显出来。而与此同时，前半部分三人围绕治道的发言，连同孔子的批评等本章原为主题的部分，毋宁说退后成次要的背景。伴随着旁观者曾晳的一句"莫春者，春服既成，冠者五六人，童子六七人，浴乎沂，风乎舞雩，咏而归"，以及孔子的一句"吾与点也"，本章的主题被那立于沂水边的孔子晚年的身影给彻底地覆盖了。

本章恐怕是子路等弟子三人和晚年孔子的谈话，与曾晳关于"浴乎沂，风乎舞雩，咏而归"的对谈拼凑起来的吧。其实，有关子路、冉有和公西华三人对话的篇章,在《公冶长篇》中已出现:"孟武伯问:'子路仁乎?'子曰:'不知也。'又问。子曰:'由也,千乘之国,可使治其赋也,不知其仁也。''求也何如?'子曰:'求也,千室之邑,百乘之家,可使为之宰也,不知其仁也。''赤也何如?'子曰:'赤也,束带立于朝,可使与宾客言也,不知其仁也。'"(公冶长篇八)

这样看来,《先进篇》中三人各自所述的志向,在本章借孔子之口说了出来。吉川幸次郎推算在"孟武伯问"章中,孔子的年龄应当是六十九岁,顺带说子路当时应该是六十岁,冉求四十岁,公西赤二十七岁(《论语》,朝日文库)。由此类推,则本章也是孔子晚年之言。也许本章中的话,以将曾晳那句"浴乎沂,风乎舞雩,咏而归"包含其中的形式,构成了《先进篇》中传达孔子晚年状态的具有丰富文学性的篇章。

《先进篇》中的这一章,若用文学批评的方式分析其结构的话,可以看出,它是由两段话合并之后形成的,它们共同构成了孔子晚年的文学性形象。但是,人们原来虽然也认为本章篇幅偏长,却依然把它当成一章来解读。当然,曾晳这段诗意盎然的话,也不例外。然而,"莫春者,春服既成,冠者五六人,童子六七人,浴乎沂,风乎舞雩,咏而归"这句局外人的诗意话语,又该如何理解呢?

【朱子集注】

> 曾点之学,盖有以见夫人欲尽处,天理流行,随处充满,无少欠阙。故其动静之际,从容如此。而其言志,则又不过即其所居之位,乐其日用之常,初无舍己为人之意。而其胸次悠然,直与天地万物上下同流,各得其所之妙。(中略)视三子之规规于事为之末者,其气象不侔矣,故夫子叹息而深许之。

朱子从曾晳的这句话中,读出了与天地化为一体般的悠然气象。而表达这一意境的朱子之言,是很难翻译成现代口语的。就这样,曾皙这句蕴含悠然自适的气象的言辞,就从其文脉中被剥离,成为众人争相传诵之词语。人们在吟诵这句词语时,或许在自己的心中与曾皙一同感受到天地悠然的气象吧。

【仁斋古义】

　　点盖深厌周末之胶扰,而有慕治古之淳风,故其所言,有唐虞三代之民,含哺鼓腹,各遂其性气象。故夫子喟然叹曰:"吾与点也。"盖有合于夫子愿见唐虞三代之盛之意也。

仁斋也是通过孔子对曾皙的认同,从曾皙的言辞去推测唐虞三代之民风气象。

【徂徕征】

　　按曾点浴沂之答,微言也。后世诗学不明,故儒者不识微言,鲜得其解者。按曾点有志于礼乐之治,见于《家语》,是必有所传授矣。孟子称点狂者,其言曰:"古之人,古之人。"其志极大,有志于制作礼乐,陶冶天下,(中略)然制作礼乐者,天子之事,革命之秋也。故君子讳言之。(中略)则不容言礼乐,且其意小三子志诸侯之治也,而难言之。故不言志,而言已今之时也,是微言耳。夫子识其意所在,故深叹之也。

徂徕认为,"莫春者"数语,"高朗爽快,超然高视,狂者之象也",视曾皙为狂者,以浴沂之言为诗的微言。所谓"狂者",即胸怀大志,但行为却迥异于常人者。徂徕视曾皙为狂者,而浴沂之言中隐藏着狂者胸中的大志向,而孔子恰恰体会到了此微言之内的志向。徂徕更将另三子关于治道的志向作为本章的语境,在这一语境中把握作为局外人的曾皙及其言说。有关曾皙的"狂者"与"微言"这一视点,正是解开孔子为什么对所谓"局外人"曾晳及其言说在深表感叹的同时,又给予认同的关键所在。

【子安评释】

我在此想关注的是徂徕所说的"微言"。徂徕把诗歌这类文学性言语称为微言。所谓"微言",字典上的意思是微妙的、深奥的言辞,非公开地、委婉迂回地说话。徂徕说诗是微言。所谓曾晳的"舞雩"的诗意言辞,是《论语》中具有代表性的微言。那么,说"志"的词语为什么成了微言呢?为什么这段话非用诗来表达不可呢?徂徕谈到了"时",说因为当时不是"革命之秋"。徂徕还谈到了"位",说是因为距离制礼作乐者的位置太远的缘故。因此,当时述志之语就成了诗,成了微言。因此,《论语》中孔子的言辞,从本质上看是诗,是微言。志于先王礼乐之道的孔子,到了这个时候,也只能用诗、用微言来表达自己的未遂之志了。而曾点的"舞雩",则是把孔子的微言用绘画手法表现出来。

曾点的"舞雩"语句的确是诗性语言,应当作为文学性的表达去理解它吧。从孔子慨叹"吾与点也"来看,曾点的这番话也属于孔子所发之言。那么为什么那个时候的孔子,非要用浴沂舞雩这样的诗性语言表达自己不可呢?我想说,孔子不得不采用诗性语言来表达,是因为孔子自己已经进入暮年。当时,孔子年过六十九岁,据年谱的推定,本章中孔子已经七十一岁了(《孔子年谱》,涩泽荣一《论语讲义》附载)。第二年,陈述自己的治道之大志的子路,横死于卫国内乱之中。晚年的孔子,不得不用反语这样的诗性语言来表达对现实的深切悯叹。在我看来,"莫春者,春服既成,冠者五六人,童子六七人,浴乎沂,风乎舞雩,咏而归"这句扮成局外人的讽咏之言,其实是包含着深刻否定性的反讽式文学表达。这是孔子具有反语意味的哀叹。

和辻哲郎曾指出,《先进篇》中的本章与《公冶长篇》中"孟武伯问"章,在结构上是相关的。和辻是在讨论《论语》中各章的成立过程的关联性中谈这个问题的。他说,"舞雩"一句是自古以来脍炙人口的佳句,"说不定它本是独立于孔子学派运动产生的民谣一类的词句,后来被先进篇的编者取用加入孔子的传记中去的吧"。

冉 有

冉有名求,字子有。鲁国人,比孔子年轻二十九岁。

冉有(冉求)的名字我们已经知道了。曾皙说"浴乎沂,风乎舞雩"这话时,冉有也在场,是接着子路讲述自己从政志向的人。被视为该情景原型的章节,即孟武伯询问三人中谁为仁者的《公冶长篇》第八章,孔子说:"求也,千室之邑,百乘之家,可使为之宰也,不知其仁也。"冉有与子路一样,都拥有从政的才能,从政的时间也长。冉有在很长一段时间里是鲁国大夫季氏(季康子)的家宰。孔门四科(德行、言语、政事、文学)章中,人们称"政事:冉有、子路"(先进篇三),如此说来,冉有应该确实是拥有政治才能的人吧。

然而,对于身居政治世界中的冉有,孔子的态度却相当严厉。对上述孟武伯的问题,孔子的回答中显然含有"他顶多也就是个家臣"的讥讽之意。《论语》中有关冉有的章节很多,孔子谈论众弟子时谈到冉有的次数之多,仅次于子路与子贡,但给出的几乎都是负面的评价。这很有意思:对具有某种才能且立足于从政之地的弟子,孔子一直不断地给予批评。《孔子家语》倒是赞赏冉有"恭老恤幼,不忘宾旅,好学博艺,省物而勤也,是冉求之行也"(《弟子行》)。看来历史是想塑造一个堪与孔子圣人形象相匹配的贤才有德之冉有的形象啊。

八佾第三·第六章

季氏旅于泰山。子谓冉有曰:"女弗能救与?"对曰:"不能。"子曰:"呜呼!曾谓泰山不如林放乎?"

"旅"是祭祀山岳之礼的名称。诸侯以祭祀管辖领地内的山川为礼,而现在季氏却想以鲁国臣子的身份祭祀泰山,显然是非礼之行为。这时,夫子问时任季氏家宰的冉有是否能纠正季氏这一非礼的举动。而林放是此前《八佾篇》第四章中向孔子询问"礼之本"的人物,孔子给他的回答是:"礼,与其奢也,宁俭。"

〔子安译〕季氏想在泰山举行名为"旅"的祭祀礼。孔子对在季氏手下任职的冉有说:"你能不能纠正他这个非礼的举动呢?"冉有回答说:"不能。"孔子长叹一声,说:"泰山之神大概觉得你还不如那个向我问礼的林放吧。泰山之神是绝对不会接受这样非礼的祭祀的。"

【仁斋古义】

季氏舞八佾,歌《雍》彻。夫子既斥其僭窃。今亦欲旅于泰山,故夫子欲冉有之救之也。夫礼,人之堤防也。礼立则人心定,人心定则上下安,上下安则彝伦得以叙矣,庶事得以成矣。今季氏以臣僭君,则是自坏其堤防也。神不享非礼,民不祭非类。季氏为鲁国卿,而所为如此,何以率其民,不智亦甚矣。

【子安评释】

像仁斋这样来理解《八佾篇》中以"礼"作为主题的此章,应该是正确的吧。尤其是他将"礼"解读为"人之堤防",是非常精彩的一笔。虽然"礼"最终被强制化之后而逐步化为虚礼。但"礼"最初可是为了防止人世崩乱而自发形成的社会习惯与礼仪形式呀。不过,假如我们以冉有为主题来解读本章的话又如何呢?我现在就想从拥有政治才能的弟子冉有的立场出发,将他作为一个主题来解读《论语》。从冉有的视角出发,是否能把本章读出另一番模样呢?

仁斋认为孔子在本章中夸赞了"问礼之本"的林放,鼓励和教诲放弃纠正主人的念头的冉有。认为圣人孔子不会单纯地非难他人,舍弃他人,是朱子的观点。朱子认为孔子也想要拯救、纠正季氏。这归根结底是将孔子之言视作圣人之言而产生的理解。但如果我们把视点放在冉有的身上,则我们看见的是一个侍奉季氏的才华横溢的官吏的身影。孔子问他"你能不能纠正主人的过错呢",他的回答是"不能",这表明他从一开始就没有纠正主人的意思。这样看来,孔子的叹息有两层深意。孔子在哀叹犯下非礼之行的季氏的同时,也对冉有这个仅仅以自己的政治才能侍奉主君的弟子深表叹息。解读《论语》的诸书,都说冉有是个温良谦让的人。冉有、子贡陪伴孔子的时候,冉有是"侃侃如"(先进篇十三),也就是平和喜乐的样子。这大概就是说冉有温良的缘由吧。还有"求也退"(先进篇二十),冉有还是被认定为谦让之人。以温良之风侍奉孔子,作为季氏的家臣,对主人也不敢大胆表达自己的想法,孔子似乎对这样的冉有非常恼怒。"曾谓泰山不如林放乎"这样的愤怒之言,大约不止针对季氏,也是针对冉有的吧。

子路第十三·第十四章

冉有退朝。子曰:"何晏也?"对曰:"有政。"子曰:"其事也。如有政,虽不吾以,吾其与闻之。"

【朱子集注】

朱子的解释如下:朝,季氏之私朝也。政,国政。事,家事。"是时季氏专鲁,其于国政,盖有不与同列议于公朝,而独与家臣谋于私室者。故夫子为不知者而言,此必季氏之家事耳。若是国政,我尝为大夫,虽不见用,犹当与闻。今既不闻,则是非国政也。"

【子安评释】

"你现在所办的政事,顶多不过是季氏的家事吧。"孔子的这句话很是严厉,似乎将拥有政治才华的冉有给全面否定了。但是为什么《论语》中会收录孔子这样的话呢?是为了留下他对季氏专横跋扈的愤慨之情吗?如果这样的话,那么孔子这些话全都与冉有相关,这又该怎样理解呢?对于毕生从政的子路,孔子似乎有着关爱之意。但对冉有就不同了。

先进第十一·第二十章

子路问:"闻斯行诸?"子曰:"有父兄在,如之何其闻斯行之?"冉有问:"闻斯行诸?"子曰:"闻斯行之。"公西华曰:"由也问:'闻斯行诸?'子曰:'有父兄在。'求也问:'闻斯行诸?'子曰:'闻斯行之。'赤也惑,敢问。"子曰:

"求也退，故进之；由也兼人，故退之。"

《公冶长篇》第十四章："子路有闻，未之能行，唯恐有闻。"这里的"闻"是指闻夫子之教，或者闻善言。不管是指哪一层意思，这句话都是敦促子路听到了就立刻实行的意思。如果这句关于子路的话出自孔子的口中，那么子路"闻"的是孔子的教诲，应该是没错的。不过也不一定非要做这样的限定。本章中"闻"，我也想将它理解成"听了就立刻去实行"这样一种敦促的意思。最后的"兼人"，古注作"胜人"（郑玄），就是要凌驾于他人之上的意思。

〔子安译〕子路问孔子："听了就必须马上实行吗？"孔子回答："你不是有父兄可以商量的么？"冉有也问："听了就应该马上实行吗？"孔子回答："听了就要马上行动！"公西华问："子路问先生听了就必须马上实行吗的时候，先生您回答说，不是有父兄在么。而冉有问您听了就必须马上实行吗的时候，您却回答说，马上行动吧。我对同一个问题的两个回答感到很困惑，斗胆请教其中深意。"孔子回答说："冉有行事风格谦退保守，因此我鼓励他勇敢前进。子路总是想胜人一筹，所以我不想他过于进取，希望他退守一些。"

【子安评释】

此章无论怎么看都令人觉得有些牵强造作。把从事政事的子路与冉有二人进行对置，再将他们性格上的差异以及孔夫子对他们进行不同的教诲进行对置的结构，总让人感觉是后人编造出来的。再加上把子路、冉有和公西华三个不同辈分的人放在一起议论的场面，至今也多有所见。即孔子评论辈分不同、性格迥异的弟子们，并且针对不同的弟子作出不同的教示的场面。在"舞雩"的章节中，是曾皙引出孔子对子路等三人的评论,而本章则是由公西华引出孔子对冉有、子路的评论。公西华就是为此而出现在本章中的。由公西华引出的孔子的评论,或许是后人所添加的。其目的就是为了从孔子对冉有、子路所做的不同回答中汲取一些教训的意义。在春秋时代政治世界中各自占有一席之地的冉有与子路两人,由于性格不同,所以孔子对两人所采取态度也不同。恐怕这早已在弟子中成为热门话题了吧。或许正是孔子这一态度上的变化,影响了本章的结构吧。

但是,孔子针对不同弟子给予不同的教诲,这在与弟子们面对面进行学与教的孔子学园是件理所当然的事情。而想从这些不同的教诲中读出具有普遍性的教训,大概是因为我们早已失去了面对面学与教的场所吧。仁斋也从针对两个不同的人才做不同的回答这一点中,发现了圣人孔子的伟大之处。他在本章大注中评论道:"后世为人之师者,大类欲以己性之所能,而施之于天下之材,亦异乎夫子之道矣。"(《论语古义》)

子路大概是那种听说应当做或值得做的事情之后,就会马上去行动的人吧;而冉有则是就算听到了应当做的事情,也不会立即去实行的人吧。照理说好勇的子路是可能带来危险的人,而冉有是安全的人,但是孔子却对后者更为严厉。

述而第七·第十五章

冉有曰:"夫子为卫君乎?"子贡曰:"诺,吾将问之。"

入,曰:"伯夷、叔齐何人也?"曰:"古之贤人也。"曰:"怨乎?"曰:"求仁而得仁,又何怨乎?"出,曰:"夫子不为也。"

冉有仕于卫君出公辄。出公辄同身居国外的父亲抗争。这时候，孔子恰好来卫国，冉有就去找子贡商量，想让他帮忙问问孔子是否愿助卫君一臂之力。子贡就替冉有去问孔子。子贡用"伯夷叔齐何人也"的问法，来观察孔子对这类事情的态度。伯夷、叔齐乃殷之处士，不听讨伐殷纣王的武王之劝说，以食周粟为耻，隐于首阳山，后饿死。

〔子安译〕冉有问子贡："先生会辅佐卫君吗？"子贡说："知道了，我去问问看吧。"子贡进了孔子的房间，问孔子："伯夷、叔齐是怎样的人呢？"孔子回答："是古代的贤人。"子贡又问："他们最后心里有没有怨恨呢？"孔子回答："两人追求仁，也得到了仁。为什么还会心存怨恨呢？"子贡退出房间后对冉有说："先生是不会辅佐卫君的。"

本章中我们看见的冉有，是想要询问孔子会不会辅佐与自己父亲争权的卫国君主的弟子的形象。他虽然师从孔子，却对孔子一无所知啊。

雍也第六·第十二章

冉求曰："非不说子之道，力不足也。"子曰："力不足者，中道而废。今女画。"

【朱子集注】

力不足者，欲进而不能。画者，能进而不欲。谓之画者，如画地以自限也。

〔子安译〕冉求说："我不是不为先生说的道感到高兴，只是我能力不足啊。"孔子说："若是能力不足，你去做了，做到没有力气，中途才放弃。而你是从一开始就给自己划出界限，连尝试都不尝试啊。"

【子安评释】

仕于卫君,又仕于季氏的冉有,其一贯的作风大概就是自己给自己设下界限吧。从与孔子的师徒关系角度来说,冉有的这种做法也可谓是极端负面的。所谓孔子的师徒关系中,也包含这样一种师徒关系。因此,可以说《论语》就是因为记录着这样的师徒关系,才使它成为一部有阅读价值的著作。认为《论语》描绘了跻身孔门十哲之一的冉有之肖像,这种读法不可取。

跋

日语中有句老话："读《论语》却不懂《论语》。"这句话辞典上的意思是，只会死记硬背书上的知识，却不懂付诸实践。但是，如果将其视为针对《论语》研究者而发的讽刺言语的话，则可谓相当严苛。的确，解读《论语》长期以来都是专家们的事，至于这些专业的阅读者是不是真正理解了《论语》的意思呢？就是这句俗谚所表达的意思。所谓对古代经典的阅读方法，一般都要通过专门的解读者来告诉我们，这样的话，阅读古典就是对这些古典作品进行本质性的重问。

恐怕我在这里梳理古典的阅读痕迹时感受的是：不管是朱子，还是伊藤仁斋，抑或是荻生徂徕，各自都在面对先于自己的众多《论语》解读者，质疑他们究竟是否真正理解了《论语》。由此他们都试图向一般大众展示一种全新的阅读方法。朱子是一位不仅向中国人、也向置身于中国之外的东亚人广泛展示《论语》读法的巨人。然而，这种读法一旦经过朱子学学者的手则变成专有之物，同时也转变为一种封闭的读法，这就是将《论语》封闭在朱子学圈子内的结果。伊藤仁斋试图以所谓"古学"的方法，重新用解读去探索被封闭的《论语》真正的意义。

作为思想史研究者，我长期浸润于仁斋的古学之中。现在我试图遵照仁斋古学的方法，用自己的解读叩开《论语》世界的门扉。我并非专门的《论语》解读家，因此，在本书中想做的并不是提出自己独特的解读，而只是沿着朱子、仁斋等前辈解读《论语》的轨迹重新走了一遍。这样的话，就能够看到《论语》向我们敞开，成为一个拥有多种阅读可能性的文本。我不止一次地体验到，在梳理诸家的解读之时，我听到了孔子之言发出的新鲜回响。

由本书集大成的《论语》重读，我是与市民一道完成的。最初的讲义是在土浦的新郁文馆讲座上宣读，后来在大阪的怀德堂研究会讲座上正式发表，最后在新宿的朝日文化中心讲座上改订、完成，前后共花了六年的时间。这期间，我始终是在市民面前对《论语》进行重读的。我与市民共同体验了《论语》再一次呈现出的新鲜意义。本书也献给使这些体验得以实现的各位讲座听众。

《思想史家读的〈论语〉——"学"之复权》的日文书名，是与岩波书店的编辑斋藤先生商量之后决定下来的。所谓"学"正如本书序中所言，是我们应当从《论语》中读取的最为重要的孔子的信息。只是"'学'之复权"这一说法，研究教育史的专家辻本雅史君已经用作他的书名（《"学"之复权——模仿与熟习》，角川书店）。本书的副标题，即来源于辻本君的赠书。

因为没有同类的著作可供参照，本书之编辑与制作之麻烦与辛苦，我这个作者最能体会。在此对不厌其烦地接受本书编辑工作的岩波书店斋藤公孝先生致以诚挚的谢意。

2010 年 3 月 20 日

子安宣邦

本书索引

学而第一

第一章　29，41—44，164

第二章　51—55，132—133

第三章　56—57

第四章　146—148，217

第六章　171，173—175

第七章　221

第八章　148—149，176

第十章　223—225

第十四章　169

为政第二

第一章　98—102

第二章　192—194

第三章　102—104

第四章　24，29，46—49，60，86—89

第五章　127—130，159

第六章　130—131

第七章　131—132

第十一章　44，182—183

第十二章　164—166

第十四章　102，167

第十五章　44—45

第十七章　183—184，209

第十八章　244—245

第二十二章　73—76

八佾第三

第一章　210，265

第二章　210，265

第三章　209—210

第四章　156，195，210—211，264

第六章　264—265

第八章　194—197，220

第十三章　93—95

第十五章　208—209

第二十三章　202—206

第二十五章　201

里仁第四

第八章　64—67

第十一章　134—136

第十五章　67—69，150—151，217

第十六章　102，168

第二十五章　136—137

公冶长第五

第七章　71，247—248

第八章　246，260，263

第十三章　227—229

第十四章　267

第二十一章　70—71

第二十六章　250—251

第二十八章　28，151—152

雍也第六

第三章　240—242

第七章　238—239

第十章　156—157

第十一章　239—240

第十二章　269—270

第十三章　169—170

第十四章　235

第十七章　69—70

第十八章　171—173

第二十二章　58—60，169—170，230—233，234

第二十七章　177—178

第二十九章　141—142

述而第七

第一章　42，180—181

第五章　23

第六章　115—116

第八章　185

第十一章　71，248—249

第十四章　201

第十五章　124，268—269

第十六章　239

第十八章　191

第十九章　251—252

第二十章　181—182

第二十三章　104—105

第二十五章　171，175—177

第三十章　113—114

第三十五章　252—254

泰伯第八

第五章　217—218

第七章　57，218—219

第八章　191，198—199，200

第九章　188，190

第十六章　78—79

子罕第九

第一章　60—63

第五章　86

第八章　184—187

第十二章　225—226

先进第十一

第一章　213—214

第三章　246，263

第七章　241

第九章　24，89—90，153，154—155，238，240，241

第十章　90—91，155，237

第十一章　146—147

第十二章　153，157—161，231

第十三章　265

第十六章　220，242

第十八章　242

第二十章　265，266—268

第二十四章　255—264

颜渊第十二

第一章　59，107—113，211—213

第三章　114

第五章　84—86

第七章　76—78，122

第十一章　117—119

第十五章　173

第十六章　102

第十七章　119—121

第十九章　121—122

第二十一章　233—234

子路第十三

第三章　123—124

第四章　232

第六章　120

第十四章　266

第十五章　124—125

第二十三章　168—169

第二十五章　165

第二十七章　56，57—58

第三十章　34

宪问第十四

第四章　141—142

第五章　139—141

第二十五章　170

第三十五章　87，90，91—93

第四十章　71

卫灵公第十五

第四章　141

第六章　243—244

第七章　71

第八章　142—144

第十一章　111

第三十四章　164

第三十九章　29

季氏第十六

第九章　187—188

阳货第十七

第二章　29，188—190

第三章　187，188—190

第四章　235—236

第五章　226

第八章　79—81

第九章　197—198

子张第十九

第五章　221，222—223

第六章　24，220—222

第十五章　242

第十六章　242

尧曰第二十

最终章　208，214—215